Hunde-Clickertraining

AUTORIN: KATHARINA SCHLEGL-KOFLER
FOTOGRAFEN: OLIVER GIEL UND CHRISTINE STEIMER

Inhalt

4 Die Basics fürs Clicken

- 5 Clickertraining – Spaß für Mensch und Hund
- 6 Wie das Clickertraining funktioniert
- 7 Positive und negative Verstärkung
- 9 Positive und negative Strafe
- 10 **Auf einen Blick:** Vorbereitungen zum Clickertraining
- 12 Die Vorteile des Clickertrainings
- 13 **Experten-Tipp:** Den Hund variabel belohnen
- 14 Worauf es beim Clickertraining ankommt
- 14 Die richtige Belohnung
- 15 Auf den Clicker konditionieren
- 15 Darauf sollten Sie achten
- 16 Aufbau einer Übung
- 17 Tipp: Rechtzeitig helfen
- 19 Noch ein paar Regeln
- 19 Vertrauen lernen in kleinen Schritten
- 20 Tipp: Jedem Click folgt ein Leckerchen
- 22 Die erste praktische Übung ohne Hund
- 23 Übungen mit Ball

24 Clicker-Alltagspraxis

- 25 Die wichtigsten Übungen für jeden Tag
- 25 »Schau!«
- 26 »Hier!«
- 26 Tipp: Körperpflege auf einen Click
- 27 »Sitz!«
- 27 »Platz!«
- 28 »Bleib!«
- 28 Tipp: Nur bestimmte Übungen clicken
- 30 »Steh!«
- 30 »Bei Fuß!«
- 31 »Langsam!«
- 31 **Experten-Tipp:** Die richtigen Signale

32	Übungen mit dem Targetstab
32	»Touch!«
33	Tipp: Wie oft clicken im Training?
34	**Experten-Tipp:** Ein Korrekturwort verwenden
34	»Voran!«
35	Einen Ball rollen
36	Rund ums Apportieren
36	Einen Gegenstand aufnehmen
37	Länger festhalten
37	Das Apportierobjekt abgeben
37	Das Apportel bringen
38	Kiste ausräumen
39	Schnell gelernt: Spezielle Tricks
40	Kleine Tricks für Pfotenkünstler
40	Pfote geben
41	»Give me five!«
43	**Tut gut – Besser nicht**
44	Sich schütteln, drehen, rückwärtsgehen
46	Kunststückchen für Könner
48	Nützliche und lustige Übungen

52 Hilfe bei Problemfällen

53	Wenn Ihr Hund nicht mitmachen will
53	Die Angst vor dem Click
54	Passives Verhalten
55	Hektik
56	Fehlverhalten richtig korrigieren
58	Falscher Einsatz des Clickers
59	**Experten-Tipp:** Die Grenzen des Clickers

Extras

60 Register, Service, Impressum
64 GU-Leserservice
Umschlagklappen:
   Verhaltensdolmetscher
   SOS – was tun?
   Die 10 GU-Erfolgstipps

Die Basics fürs Clicken

Möchten Sie Ihren Hund so erziehen, dass Ihnen und Ihrem Vierbeiner das Üben Spaß macht? Dann bietet das Clickertraining eine gute Methode, Ihre Vorstellungen zu verwirklichen. Sind Sie erst mal damit vertraut, eröffnen sich vielfältige Beschäftigungsmöglichkeiten für Ihren Hund.

Clickertraining – Spaß für Mensch und Hund

Schon seit einiger Zeit erfreut sich das Clickertraining in der Hundeausbildung großer Beliebtheit. Wenn Sie in Zoofachgeschäften einkaufen, ist Ihnen beim Hundezubehör vielleicht schon mal ein Clicker aufgefallen. Er sieht aus wie eine Art kleines Kästchen, das wie ein Knackfrosch funktioniert. Man drückt darauf und erzeugt dadurch ein deutliches Knackgeräusch. Sie werden sich jetzt fragen, was es mit diesem Geräusch auf sich hat. Zunächst nichts, denn erst durch entsprechendes Training bekommt es für den Hund eine ganz bestimmte Bedeutung. Diese Art des Trainings ist nicht neu. Vermutlich haben Sie es, vielleicht unbewusst, auch schon erlebt – nämlich im Zoo. Robben, Wale, aber auch Affen und andere Tiere lernen ihre Kunststücke nach diesem Prinzip. Delfine oder Robben zum Beispiel lassen sich nicht durch eine Leine oder einen Zügel beeinflussen. Deshalb musste man andere Wege finden, um ihnen zu zeigen, welches Verhalten man gerne sehen würde.

Populär im Bereich der Hundeerziehung wurde das Clickertraining vor allem durch Karen Pryor, Zoologin und Delfintrainerin aus den USA. Eigentlicher »Erfinder« eines wichtigen Teils des Clickertrainings war jedoch der russische Mediziner und Nobelpreisträger Iwan Petrowitsch Pawlow (1849–1936). Er verknüpfte die Fütterung seiner Versuchshunde über eine gewisse Zeit mit einem Glockenton und stellte dabei Interessantes fest: Nach einer bestimmten Anzahl von Wiederholungen begannen die Hunde bereits allein auf den Glockenton hin so zu »sabbern«, als hätten sie den vollen Napf vor sich. Nun können Sie sich sicher schon etwas besser vorstellen, was hinter dem Clickertraining steckt. Wie es genau funktioniert, erfahren Sie auf den folgenden Seiten.

Wie das Clickertraining funktioniert

Damit das Prinzip des Clickertrainings auch gut verständlich wird, unternehmen wir jetzt zusammen einen kurzen Ausflug in den Bereich des Lernverhaltens von Hunden.

Primäre und sekundäre Verstärker

Um ein Verhalten Ihres Vierbeiners positiv zu bestärken, brauchen Sie einen Verstärker, also eine Belohnung (→ Seite 7).

Je reizvoller die Belohnung für den »Schüler«, umso wirksamer ist sie auch. Hat ein Verstärker bereits von Natur aus eine hohe Bedeutung, dann spricht man von einem primären Verstärker. Das ist beim Hund zum Beispiel Futter. Es ist von Natur aus sehr bedeutungsvoll, ja lebenswichtig für ihn.

Für einen Hund mit entsprechender Veranlagung kann das aber auch ein fliegender Ball sein. Das Problem ist jedoch, dass man dem Hund nicht in allen Situationen, in denen man ihn für etwas loben möchte, im richtigen Moment ein Leckerchen geben oder einen Ball werfen will beziehungsweise kann. Stellen Sie sich vor, Sie möchten ihm beibringen, einen Gegenstand vom Boden aufzunehmen, und er tut das gerade. Wenn Sie jetzt in die Tasche nach dem Leckerchen greifen, wird Ihr Hund den Gegenstand sofort fallen lassen und nun an Ihrer Leckerchentasche »kleben«. Das optimale Timing des Belohnens erleichtert in solchen Situationen ein sogenannter sekundärer Verstärker, der dem Hund im richtigen Moment sagt: »Gut gemacht! Gleich gibt es leckere Happen.«

Erinnern Sie sich an den russischen Mediziner Pawlow und seine Glocke, von dem ich Ihnen auf Seite 5 erzählt habe? Der für den Hund zunächst bedeutungslose Glockenton wird durch Verknüpfung mit dem »natürlichen« Reiz Futter quasi selbst zu einer Art Futternapf – er ruft dieselbe Reaktion, nämlich den Speichelfluss, hervor, weil der Hund weiß: »Jetzt gibt es gleich Futter.«

Erwartungsvoll schaut dieser Hund nach dem Click auf seinen Menschen – gleich folgt der Happen!

Beim Clickertraining wird der Clicker zum sekundären positiven Verstärker, indem er eine Zeit lang mit Futter gekoppelt wird.

Zum besseren Verständnis noch mal kurz zurück zu den Delfinen. Der sekundäre Verstärker ist hier ein bestimmter Pfiff. Er signalisiert dem Delfin zum Beispiel am höchsten Punkt eines Sprungs, dass das besonders gut war. Aber erst nach dem ausgeführten Sprung holt sich der Delfin seinen Fisch ab. Werfen wir zur Abrundung noch einen Blick in unsere Welt, denn auch hier gibt es primäre und sekundäre Verstärker. Essen und Trinken sind beispielsweise primäre Verstärker für uns. Geld dagegen ist ein sekundärer Verstärker. Wir haben gelernt, dass wir mit Geld Essen und Trinken kaufen können. Deshalb freuen wir uns, wenn wir Geld bekommen, und strengen uns dafür an. Oder würden Sie etwa umsonst arbeiten? Es gibt aber auch negative primäre Verstärker. Ein Beispiel dafür ist Schmerz (etwa verursacht durch einen Stromreiz). Auch einen solchen Verstärker kann man mit einem neutralen Reiz, wie dem Aufleuchten einer Lampe, koppeln. Die Lampe wird dann zu einem negativen sekundären Verstärker – sie kündigt Schmerz an und hat ein Verhalten zur Folge, das zur Vermeidung des Stromreizes führt. Und zwar schon, ohne dass dieser einsetzt. Als sekundären negativen Verstärker in unserem Lebensbereich könnte man zum Beispiel das Radargerät bezeichnen. Sieht man es, wird man automatisch die Geschwindigkeit anpassen. Wir haben gelernt, dass es negative Konsequenzen für uns hat, wenn wir zu schnell fahren und ein solches Gerät am Straßenrand steht.

Klassische Konditionierung Der Lernprozess, auf dem die Verknüpfung des primären mit dem späteren sekundären Verstärker beruht, heißt klassische Konditionierung.

1 Futter hat für den Hund von Natur aus einen hohen Wert. Er muss also nicht erst lernen, was es bedeutet. Deshalb ist Futter ein primärer Verstärker.

2 Auch Spielen ist für Hunde – wie das Futter – von Natur aus und auf positive Art bedeutend. Deshalb sind beide Dinge positive primäre Verstärker.

3 Erst durch die Verbindung mit Futter bekommt das zunächst neutrale Clickgeräusch eine Bedeutung – der Clicker wird zum sekundären Verstärker.

Positive und negative Verstärkung

Ein weiterer Aspekt des Clickertrainings ist das Prinzip der positiven Verstärkung: Auf ein erwünschtes Verhalten folgt eine Belohnung. Das wirkt beim Hund nicht anders als bei uns. Winkt eine reizvolle Belohnung, ist man gern bereit, etwas dafür zu tun. Lernen auf diese Weise geschieht angstfrei und ohne negativen Stress. Positiver Stress ist aber durchaus gegeben.

Im Gegensatz zur positiven Verstärkung wurde und wird in der Hundeausbildung aber auch mit negativer Verstärkung gearbeitet. Dabei wird der Hund einer negativen Empfindung ausgesetzt, die er durch erwünschtes Verhalten abbrechen kann. Sehen wir uns den Unterschied an einem Beispiel an. Sie möchten Ihrem Hund als neue Übung das »Platz!« beibringen. Mit positiver Verstärkung wird der Hund mittels Leckerchen dazu animiert, sich ins Platz zu legen. Er kann den Happen nur dann erreichen, wenn er in der entsprechenden Position liegt. Tut er es nicht, gibt's lediglich kein Häppchen.
Bei der Ausbildung über negative Verstärkung dagegen tritt man so auf die Leine, dass sie den Hund nach unten zieht, solange er steht oder sitzt. Sobald er liegt, wird sie locker. Es fällt Ihnen sicher nicht schwer, sich vorzustellen, in welchem der beiden Szenarien der Hund wesentlich freudiger und vertrauensvoller lernt.

Operante Konditionierung Der Hund lernt also bestimmte Verhaltensweisen, weil er Erfolg damit hat – es gibt eine Belohnung, oder eine negative Empfindung hört auf. Das nennt man Lernen durch operante Konditionierung.

Der Clicker ist also, nachdem er zunächst zum sekundären Verstärker geworden ist, nichts anderes als die Belohnung für erwünschtes Verhalten des Vierbeiners.

Mit dem Clickertraining lassen sich vielerlei Verhaltensweisen festigen. Echte Könner zeigen ihre Tricks auch unter hoher Ablenkung mit Begeisterung.

Positive und negative Strafe

Nicht immer tut der Vierbeiner das, was er soll. Damit er aber lernt, was Sie möchten und was nicht, muss unerwünschtes Verhalten Folgen haben. Im Zusammenhang mit dem Training über positive Verstärkung, also auch dem Clickertraining, kommt die sogenannte negative Strafe ins Spiel. »Negativ« bedeutet hier, dass etwas Angenehmes weggenommen oder vorenthalten wird. Soll der Hund also etwas Neues lernen und zeigt er nicht das erwünschte Verhalten, etwa »Sitz!«, gibt es keinen Click. Ein weiteres Beispiel – der Hund kann bereits »Sitz!«, macht es aber nicht. Sein geliebter Ball fliegt nicht, solange der Hund nicht sitzt. Die Belohnung bleibt also aus. Damit das wirkt, muss dem Vierbeiner die Belohnung allerdings wichtiger als alles andere sein. Und er darf keine für ihn lohnenswerte Alternative, zum Beispiel nach einer Maus zu buddeln, zur Wahl haben. Nur dann wird der Hund auch motiviert sein, letztlich das erwünschte Verhalten zu zeigen. Im Gegensatz dazu gibt es die positive Strafe – ein unangenehmer Reiz wird hinzugefügt. Der Hund zerrt zum Beispiel an der Leine und wird mit einem Leinenruck korrigiert. Das Risiko der positiven Strafe besteht aber unter anderem darin, nicht die richtige Dosis zu finden. Fällt sie zu heftig aus oder hat der Hund noch gar nicht wirklich verstanden, dass er, wie im Beispiel, an lockerer Leine gehen soll, kann das zu einem Verlust des Vertrauens des Hundes zu seinem Menschen und starker Verunsicherung führen. Lernen über positive Strafe ist daher kontraproduktiv. Ganz besonders in Verbindung mit dem Clickertraining, da sie zusätzlich auch noch die Motivation des Hundes hemmt. Ohne die Konditionierung eines Verbotswortes kommt man allerdings auch hier nicht aus. Beherrscht der Hund ein Signal sicher, muss es ausgeführt werden. Das gilt in erster Linie für den Grundgehorsam, nicht für Kunststücke. Um etwas durchzusetzen, kann gut mit Körpersprache und Stimme gearbeitet werden, aber je nach Hundetyp gelegentlich auch eine negative Verstärkung notwendig sein (→ auch ab Seite 53).

Lernen über positive Motivation fällt leichter als Training mit Strafen und starkem, körperlichem Zwang.

AUF EINEN BLICK

Vorbereitungen zum Clickertraining

Fokussiert

REIZARME ZONE Damit Ihr Vierbeiner und Sie sich optimal auf das Clicken konzentrieren können, brauchen Sie am Anfang jeder Übung eine ablenkungsfreie Umgebung. Für den Hund bedeutet Ablenkung allerdings oft etwas anderes als für Sie – da kann sogar schon der Lieblingsball in der Zimmerecke einen zu großen, unwiderstehlichen Anreiz ausüben.

Timing

PUNKTGENAU CLICKEN Auf den richtigen Moment kommt es an. Nur dann kann Ihr Hund erkennen, welche Verhaltensweise richtig war. Wird im falschen Moment geclickt, bringt das den Vierbeiner auf eine falsche Spur. Beobachten Sie Ihren Hund deshalb gut, damit Sie schon bei kleinen Aktionen in die richtige Richtung clicken können. Behalten Sie den Clicker während einer Übung immer in der Hand, um bei Bedarf schnell genug zu reagieren. Dann stellt sich auch bald der Erfolg ein.

Vorbereitungen zum Clickertraining

Pssst!

GANZ RUHIG Während der Hund testet, was nun den Click bringt, nicht mit ihm sprechen, da das den Lernprozess stört. Lediglich das Leckerchen nach dem Click können Sie mit einem kurzen verbalen Lob verbinden.

Leckerchen

SCHNELLE BELOHNUNG Damit Ihr Hund den Click und das Belohnungshäppchen direkt und optimal miteinander verknüpft, sollten die Leckerchen zumindest in der Konditionierungsphase möglichst klein und relativ weich sein. Damit ist gewährleistet, dass der Hund die Belohnung rasch und ohne Mühe schlucken kann. Muss er auf einem Futterbrocken länger herumkauen und fallen womöglich noch Krümel auf den Boden, ist er schnell abgelenkt, und die wichtige Verknüpfung wird gestört.

Ablenken

SCHRITT FÜR SCHRITT Erst wenn eine Übung wirklich sitzt, sollte der Hund sie auch unter Ablenkung ausführen. Erhöhen Sie den Außenreiz erst, wenn der vorausgegangene Übungsschritt wirklich perfekt klappt.

Die Vorteile des Clickertrainings

Sie wissen nun, was der Clicker ist: ein sekundärer Verstärker, den man für das Erziehen mittels positiver Verstärkung einsetzt. Doch was ist der Vorteil eines Clickers? Wie konditioniert man den Hund darauf? Wie geht man an eine Übung heran? Rund um diese Fragen gibt es einige Dinge zu beachten. Der Clicker ist zwar kein Wundermittel, er hat aber einige Vorteile im Vergleich zum Training ohne Clicker. Besonders wenn es um das Erlernen von Tricks und Kunststückchen geht.

Exklusives Geräusch Könnte man nicht stattdessen auch ein bestimmtes Wort benutzen? Grundsätzlich ja, man könnte das Futter genauso mit einem »Fein!« koppeln, und dieses Wort würde dann zum sekundären Verstärker. Die meisten Hundehalter machen das sogar mehr oder weniger unbewusst so, aber nicht wirklich exakt. Der Nachteil ist nämlich, dass der Hund Ihre Stimme und die anderer Familienmitglieder den ganzen Tag hört. Manche Menschen reden außerdem zu viel und zu

Sie möchten den Hund genau jetzt loben, weil er den Ball anschaut? Für die Bestätigung im optimalen Moment ist der Clicker konkurrenzlos. Das Timing stimmt genau.

wenig gezielt mit ihren Vierbeinern, sodass die Stimme für den Hund oft an Wirkung eingebüßt hat. Könnten Sie zudem sicherstellen, dass der Hund das Hörzeichen ausschließlich im Zusammenhang mit dem Training hört? Das dürfte schwierig sein. Der Clicker dagegen ist im Alltag des Hundes ein »exklusives« und markantes Geräusch. Er ist einfach in der Handhabung und kommt anders als Worte auch nicht »versehentlich« zum Einsatz. Der Clicker sollte immer gut verstaut sein. Nicht dass Ihre Kinder ihn für einen lustigen Knackfrosch halten und damit spielen. Dann wäre auch der Clicker seine Bedeutung los.

Belohnung in der Entfernung Auch wenn Ihr Hund nicht in Ihrer unmittelbaren Nähe ist, können Sie ihn mithilfe des Clickers im richtigen Moment loben. Möchten Sie Ihrem Hund beibringen, einen Ball zu rollen, kann er dabei mehrere Meter entfernt sein. Das Lob besteht nun in einem »Click«, denn »Click« heißt ja: »Gut gemacht, Happen folgt!«

Genaues Timing Der Clicker ermöglicht es, den Hund im exakt richtigen Moment zu bestärken. Egal ob das eine bestimmte Bewegung oder eine Körperhaltung ist. Mit etwas Übung werden Sie problemlos erkennen, wann der richtige Moment ist.

Erleichterung Übungen zum Grundgehorsam erfordern nicht unbedingt einen Clicker, aber den gezielten Einsatz von Stimme und Körpersprache. Mancher Hundebesitzer tut sich schwer, seine Tonlagen zu verändern oder seinem Hund durch die Körpersprache das Richtige zu vermitteln. Dann erleichtert der Clicker die Kommunikation.

Gefräßigkeit Sind Hunde sehr gefräßig oder die Verbindung Leckerchen als Belohnung wurde falsch aufgebaut, sind sie oft so fixiert auf Leckerchentasche oder Hand, dass sie sich auf nichts anderes konzentrieren. Das lässt sich mit dem Clicker lösen.

Den Hund **variabel belohnen**

TIPPS VON DER CLICKER-EXPERTIN **K. Schlegl-Kofler**

NICHT NUR CLICKEN Muss man seinen Hund immer mit dem Clicker bestätigen? Das ist nicht nötig und wäre auch etwas umständlich, weil man den Clicker ständig dabeihaben müsste.

LOBEN UND STREICHELN Mit zunehmendem Können belohnt man seinen Hund nur noch variabel und für besondere Leistung, auch mit dem Clicker. Kann er die Übung perfekt und zeigt sie auf Signal hin zuverlässig, reichen als Lob auch Stimme, Streicheleinheiten oder ein Spielchen.

CLICKER »AUSSCHLEICHEN« Bei einer sicher sitzenden Übung kann man nach und nach auf den Clicker verzichten, ihn also »ausschleichen«. Prinzipiell muss der Hund jedoch für vollbrachte Leistung ausreichend bestärkt werden. Fehlt diese Bestätigung auf Dauer, wird die Ausführung schlampig, oder das Verhalten erlischt ganz.

INDIVIDUELLE UNTERSCHIEDE Bei führigen und motivierten Hunden kann man Belohnungen und Bestätigungen meist schnell einschränken, phlegmatische oder leicht ablenkbare Schüler brauchen wesentlich mehr Motivationshilfe.

Worauf es beim Clickertraining ankommt

Die richtige Belohnung

Ein Hund zeigt grundsätzlich solche Verhaltensweisen gern, die sich in irgendeiner Weise für ihn lohnen. Damit der Hund möglichst hoch motiviert ist, muss der Clicker eine außerordentlich reizvolle Belohnung versprechen. Nur dann wird er zum entsprechend wirksamen sekundären Verstärker. Was aber nun »reizvoll« ist, kann von Hund zu Hund sehr verschieden sein. Sind für den einen schon normale Trockenfutterpellets echte Highlights, hat ein anderer dafür nur einen müden Blick übrig, ist aber für ein Käsestückchen durchaus zu allen Schandtaten bereit.

Bevor man mit dem Hund arbeitet, sollten Sie testen, was für ihn die ultimative Belohnung ist. In der ersten Zeit ist Futter am sinnvollsten, es ist einfach und praktisch und in jeder Situation zu verwenden. Zudem ist der Hund auch nach dem Belohnen bei Ihnen und unter Kontrolle. Futter ist für die meisten Hunde der wirksamste primäre Verstärker. Ist das Gelernte gefestigter und »steht« der Vierbeiner durchaus auf andere Dinge, dann kann die Belohnung zwischendurch mal anders ausfallen. So kann auch ein anschließend geworfener Ball eine reizvolle Belohnung nach dem Click sein. Tobt der Hund gern mit Artgenossen, kann auch das ausgelassene

Jede Übung wird ohne Ablenkung trainiert, bis der Hund das Verhalten gezielt von selbst anbietet.

Zeigt er das eine Zeit lang zuverlässig von selbst, steigt die Ablenkung, und die Umgebung kann wechseln.

Spiel eine Belohnung sein, nachdem der Vierbeiner zum Beispiel längere Zeit Blickkontakt zu Ihnen gehalten hat, obwohl die anderen Hunde in Sichtweite sind.

Aber ganz gleich, was Sie Ihrem Vierbeiner als Belohnung nach dem Click anbieten – für ihn muss es etwas ganz Tolles sein. Noch etwas gilt es zu beachten: Bei der Arbeit mit Futter sollte Ihr Vierbeiner immer einen gewissen Hungerpegel haben. Ziehen Sie also die Leckerchen von seiner Tagesration ab, und arbeiten Sie am besten vor der Fütterung, nie direkt danach, mit ihm.

Auf den Clicker konditionieren

Bevor es nun richtig losgeht, steht die Konditionierung auf den Clicker auf dem Programm. Denn nur, wenn der Vierbeiner die Bedeutung des Clickers erlernt hat, stellt sich der gewünschte Effekt ein. Bereiten Sie zunächst alles vor. Sie brauchen eine ruhige, bekannte Umgebung, am besten innerhalb der Wohnung. Außerdem eine Portion kleiner, weicherer Häppchen, die der Hund möglichst nicht kauen muss. Denn sonst wird der zeitliche Zusammenhang zwischen dem Click und dem Schlucken der Belohnung zu lang.

Die Leckerchen legen Sie entweder auf einen Tisch oder Sie haben sie in der Tasche. Auf jeden Fall sollten Sie sie rasch in die Hand nehmen können. In der anderen Hand halten Sie den Clicker. Der hungrige Hund ist unmittelbar in Ihrer Nähe. Gegebenenfalls nehmen Sie ihn an die Leine. Und dann geht es los! Clicken Sie und geben Sie dem Hund anschließend sofort ein Leckerchen. Dann clicken Sie wieder, und erneut gibt es zeitnah das Häppchen. Das wiederholen Sie ca. 10- bis 15-mal, insgesamt nur wenige Minuten lang. Dann folgt eine Pause, sonst wird es langweilig.

Erst wenn eine Übung an verschiedenen Orten und unter Ablenkung klappt, sollten Sie das dazugehörige Signal einführen.

Wenn die erste Trainingseinheit zum Beispiel am Vormittag war, wiederholen Sie das Ganze am Nachmittag. Meist reicht das, und der Hund hat verstanden, dass der Click einen Happen ankündigt. Sie können es ausprobieren, indem Sie clicken, während der Hund gerade mal wegschaut. Schaut er Sie jetzt erwartungsvoll an, hat er verstanden, worum es geht. Sie werden rasch merken, dass Ihr Hund sofort aufmerksam und motiviert zur Stelle ist, sobald Sie den Clicker hervorholen.

Darauf sollten Sie achten

› Geben Sie dem Hund wirklich nach jedem Click ein Leckerchen, also kein Click ohne Leckerchen. Clicken Sie immer, bevor Sie es geben, nicht etwa erst danach.

› Während der zweiten Trainingseinheit dehnen Sie die Zeit zwischen Click und Leckerchen nach

DIE BASICS FÜRS CLICKEN

und nach auf mehrere Sekunden aus. Denn bei manchen Übungen ist der Hund, wie schon erwähnt, nicht unmittelbar in Ihrer Nähe, wird aber durch den Click schon belohnt. Das Leckerchen folgt also zeitversetzt.

› Greifen Sie erst nach dem Clicken zum Leckerchen, nicht schon davor. Sonst konditionieren Sie den Hund womöglich auf Ihre Handbewegung in Richtung Leckerchen. Das sollte nicht passieren.

› Im Lauf der zweiten Trainingseinheit können Sie die Leckerchen bereits weiter entfernt deponieren. Sie stehen beispielsweise mitten im Zimmer, die Happen liegen ein bis zwei Meter entfernt auf dem Tisch. Der Vierbeiner soll sich auf Sie konzentrieren, nicht auf die Belohnungshappen.

› Ob der Hund sitzt, liegt oder steht, wenn Sie ihn auf den Clicker konditionieren, ist unerheblich. Es ist sogar günstig, wenn er nicht immer in derselben Position ist, weil sonst diese mitkonditioniert wird. Der Vierbeiner soll aber nur »Click – Leckerchen« verknüpfen. Auch Sie sollten daher Ihre Position wechseln, damit Ihr Vierbeiner die Übung nicht mit einer bestimmten Stelle verknüpft. Gehen Sie während der Trainingseinheit zum Beispiel einmal in eine andere Ecke des Raumes oder auch in ein anderes Zimmer.

› Sind Sie sich nicht sicher, ob das Clickgeräusch anfangs eventuell etwas zu laut für Ihren Hund ist, dann dämpfen Sie es etwas. Betätigen Sie den Clicker beispielsweise hinter Ihrem Rücken oder in der Hosen- oder Jackentasche. Bleibt der Hund entspannt, clicken Sie allmählich ohne »Dämpfung«.

Aufbau einer Übung

Hundetraining braucht System, ob nun mit oder ohne Clicker. Ein systematischer Aufbau macht es dem Hund leicht zu verstehen, was Sie von ihm möchten, und schützt vor Überforderung. Außerdem festigt sich das Gelernte dann auf jeder Schwierigkeitsstufe zuverlässig.

Zu rasches Vorgehen verunsichert den Hund leicht, und das Gelernte sitzt nicht wirklich. Das Ziel ist letztlich, dass Ihr Vierbeiner nach entsprechendem Training die Übung dann ausführt, wenn Sie es möchten und ihm ein entsprechendes Signal, also

Die Konditionierung kann beginnen! Betätigen Sie den Clicker jetzt zum ersten Mal.

Worauf es beim Clickertraining ankommt

Erst direkt nach dem Click greifen Sie nach dem Happen. Für die optimale Verknüpfung ist das außerordentlich wichtig.

Geben Sie dem Vierbeiner nun den leckeren Happen. Erst wenn er ihn ganz gefressen hat, folgt die nächste »Click-Leckerchen-Sequenz«.

ein Kommando, geben. Bevor Sie mit einer konkreten Übung beginnen, müssen Sie den Hund bereits, wie auf Seite 15 beschrieben, auf den Clicker konditioniert haben.

Die Übung zerlegen Eine komplexe Übung wird zunächst in einzelne Schritte zerlegt und etappenweise aufgebaut. Nehmen wir als Beispiel das Antippen eines in die Erde gesteckten Stabs mit der Nase in mehreren Metern Entfernung von Ihnen.
› Man beginnt mit dem einfachen Anstupsen des Stabs, wenn Sie diesen in der Hand halten.
› Dann wird die Position des Stabs leicht verändert, sodass der Hund gezielt hingehen muss.
› Jetzt wird die Entfernung erhöht.
Da solche komplexen Übungen besonders für den Einstieg nicht ganz einfach sind, sucht man sich für den Anfang besser etwas Einfacheres aus, beispielsweise nur das Anstupsen der Stabspitze oder etwa das Aufnehmen des Blickkontakts zu Ihnen. Je weniger Einzelschritte, umso übersichtlicher ist das Üben zunächst für Sie und auch für den Hund.

Warten Haben Sie sich für eine Übung entschieden, kommt es darauf an, dass der Hund das erwünschte Verhalten oder den Ansatz dazu von sich aus zeigt. Er soll möglichst selbst herausfinden, was er tun muss, um das verheißungsvolle »Click« zu hören.
Sie haben schon Leckerchen vorbereitet und halten den Clicker in der Hand. Ihr Hund wird vermutlich

> **Rechtzeitig** helfen
>
> **INTERESSE ERHALTEN** Normalerweise soll der Hund beim Clickertraining möglichst vollkommen allein herausfinden, für welches Verhalten es den Click gibt. Der unerfahrene Anfängerhund sollte aber nicht zu lange ohne Erfolg probieren, sonst gibt er eventuell auf. Helfen Sie ihm deshalb anfangs, wenn Sie merken, dass sein Interesse nachlassen könnte.

DIE BASICS FÜRS CLICKEN

erwartungsvoll ankommen und Verschiedenes ausprobieren. Er stupst Sie vielleicht an, fordert Sie zum Spielen auf oder legt sich hin. Sie tun einfach nichts. Irgendwann, bleiben wir beim Beispiel Blickkontakt, schaut der Hund Sie kurz an – Click, und er darf sich sein Leckerchen abholen.

Manchen Hunden sieht man jetzt förmlich an, wie es in ihrem Kopf »rattert«, um darauf zu kommen, wofür sie die Belohnung bekommen haben.

Für Sie heißt es lediglich weiter warten und beobachten. Zeigt Ihr Vierbeiner das Verhalten wieder – Click und Leckerchen.

Richtig belohnen Damit der Hund herausfindet, was er tun muss, gibt es zunächst jedes Mal, wenn Ihr Vierbeiner das Richtige macht, einen Click. Das ändert sich, sobald Sie merken, dass Ihr Vierbeiner das Verhalten gezielt von selbst zeigt, um belohnt zu werden – aber wirklich erst dann.

Jetzt gibt es nicht mehr für jedes richtige Verhalten den Click, sondern nur ab und zu, also variabel – manchmal beim zweiten Mal, manchmal auch erst später, gelegentlich auch noch nach einem Mal. Jedoch nicht zu selten, sonst verliert der Vierbeiner das Interesse. Aber eben auch, wenn jedes Mal ein Leckerchen folgt, kann das Interesse mit der Zeit sinken. Macht er etwas besonders gut, gibt's nach dem Click einen »Jackpot« – eine Handvoll Häppchen oder etwas ganz Besonderes. Variables Belohnen bewirkt, dass die Erwartungshaltung des Hundes hoch bleibt. Das ist ähnlich wie beim Spielautomaten. Es wird immer wieder gespielt, denn irgendwann könnte ja doch ein Gewinn winken.

Anforderungen steigern Sobald die Übung zuverlässig funktioniert und der Hund freudig mitmacht, steigern Sie die Anforderungen. Der Hund bekommt seinen »Click«, wenn er Sie zum Beispiel länger anhaltend anschaut. Wechseln Sie außerdem die Umgebung, damit der Hund die Übung nicht mit einem speziellen Umfeld verknüpft.

Signal einführen Ist Ihnen aufgefallen, dass bisher noch von keinem Hörzeichen die Rede war? Zunächst hat der Hund selbst herausgefunden, was er tun muss, um eine Belohnung zu bekommen. Mittlerweile zeigt er das erwünschte Verhalten zuverlässig auf hohem Niveau, also auch unter

Für manche Hunde ist ein besonderes Spiel eine reizvollere Belohnung als ein Leckerchen.

Ablenkung und in verschiedenen Umgebungen bzw. genau so, wie Sie sich das Endziel vorgestellt haben. Er bietet es aber immer noch rein von sich aus an, um eine Belohnung zu bekommen. Jetzt ist es an der Zeit, ein Hör- oder Sichtzeichen einzuführen, denn genau so wollen Sie die Übung letztlich sehen und abrufen können. Stupst der Hund je nach Übung zum Beispiel den Stab an oder schaut Sie bei der Blickkontaktübung an, dann kommt gleichzeitig, also sobald er damit beginnt, Ihr Hörzeichen (beim Blickkontakt zum Beispiel »Schau!«). Sagen Sie das Hörzeichen nicht schon lange davor, denn noch weiß er ja nicht, was es bedeutet. Hört er es aber, wenn er gerade die Übung beginnt, kann er es verknüpfen. Erst wenn das nach einigen Wiederholungen geschehen ist, geben Sie zuerst das Hörzeichen, und Ihr Hund wird daraufhin das trainierte Verhalten zeigen.

Gezielt fordern Nun kommt der letzte Schritt. Der Hund wird nur noch dann bestätigt, wenn er das Verhalten auf Ihre Aufforderung hin zeigt. Er wird es wahrscheinlich auch noch von sich aus zeigen, um eine Belohnung zu bekommen. Aber dafür gibt es jetzt nichts mehr. Üben Sie das wieder unter verschiedensten Bedingungen, sodass die Übung wirklich überall sitzt. Sie sollten das Gelernte in jeder Situation abrufen können. Belohnt wird außerdem nur noch, wenn die Übung besonders gut ausgeführt wird. Zum Beispiel beim Blickkontakt dann, wenn der Hund Sie sofort und lange genug anschaut. Bei schlampiger oder verzögerter Ausführung geht der Hund dagegen leer aus.

Noch ein paar Regeln

› Haben Sie Geduld. Im Idealfall soll der Hund durch Eigeninitiative herausfinden, was Sie von ihm möchten. Helfen Sie ihm dabei nur, wenn nötig und

Vertrauen lernen in kleinen Schritten

Hunde, die schlechte Erfahrungen mit Menschen gemacht haben, sind oft ängstlich und lassen sich nicht oder nur ungern anfassen. Das Clickertraining kann hier eine wertvolle Hilfe sein.

AKTION	AUSFÜHRUNG
OHNE KÖRPERKONTAKT	Der Hund wird weder angefasst noch in irgendeiner Weise mit der Leine beeinflusst. Falls er Leckerchen nicht aus der Hand nimmt, werfen Sie sie anfangs auf den Boden. Versuchen Sie zunächst mit ganz einfachen Übungen Vertrauen aufzubauen. Der Vierbeiner erlebt so, dass es durchaus angenehm sein kann, Kontakt mit einem Menschen aufzunehmen.
ERSTE BERÜHRUNG	Das Training ohne Körperkontakt gibt dem Hund vielleicht schon so viel Sicherheit, dass er von sich aus einen Kontakt herstellt, indem er zum Beispiel eine Pfote auf Ihren Fuß legt oder Sie leicht anstupst. Dafür gibt es immer einen Click. Möglicherweise duldet er auch eine Berührung von Ihnen – Click. Versuchen Sie, die Kontakte langsam auszudehnen.
NICHT ALLEIN ÜBEN	Bei Schwierigkeiten dieser Art ist es entscheidend, den Hund richtig einzuschätzen. Daher sollten Sie sich dabei von einem kompetenten Trainer helfen lassen, der Erfahrung im Umgang mit Problemhunden hat.

DIE BASICS FÜRS CLICKEN

möglichst wenig. Nehmen wir wieder den Blickkontakt als Beispiel. Schaut der Hund Sie von selbst auch nach längerer Zeit gar nicht an, dann schnalzen Sie nur zu Beginn kurz mit der Zunge. Bauen Sie solche Hilfen aber wieder ab.

› Clicken Sie pro erwünschtem Verhalten immer nur einmal, nicht öfter.

› Wenn Sie Anforderungen steigern, dann immer erst, wenn die Übung auf dem Niveau davor absolut zuverlässig klappt.

› Je nach Übung und Hundetyp ist es wichtig, dass Sie schon clicken, sobald der Vierbeiner den Ansatz zum gewünschten Verhalten zeigt. Nehmen wir als Beispiel das Sitzen. Der eine Hund setzt sich von selbst gern und schnell auf sein Hinterteil. Dann reicht es, wenn Sie clicken, sobald er sitzt.
Ein anderer geht nur mit dem Hinterteil langsam ein Stück nach unten, steht aber gleich wieder auf, um sich mit etwas anderem zu beschäftigen oder ein anderes Verhalten auszuprobieren. Hier sollten Sie schon clicken, während das Hinterteil nach unten geht. Denn bestätigen Sie das ansatzweise Sitzen nicht, wird der Hund über kurz oder lang auch das nicht mehr zeigen. Schließlich lohnt es sich ja für ihn nicht.

› Tadeln Sie den Hund nicht, wenn er das erwünschte Verhalten nicht exakt zeigt oder beim Einüben einer neuen Übung zuerst das »vorführt«, was er schon kann. Vor allem dann nicht, wenn er noch am Herausfinden ist, womit er sich die Belohnung verdienen kann. Das würde ihn hemmen und seine Eigeninitiative verringern.
Zeigt der Hund nicht das richtige Verhalten, sondern beispielsweise eine andere Übung, dann können Sie mit dem Ausbleiben der Belohnung zum Beispiel »Schade!« oder »Fehler!« verknüpfen (→ Seite 34). Verwenden Sie aber nicht das Wort, das dem Hund signalisiert, dass etwas völlig tabu ist. Also keines, das Sie benutzen, wenn Ihr Vierbeiner zum Beispiel ein Stromkabel anknabbert oder beginnt, sich in Gülle zu wälzen.

› Planen Sie kleine Übungseinheiten, damit der Hund nicht überfordert wird oder das Interesse verliert. Wenn Sie mehrere Einheiten nacheinander üben, machen Sie dazwischen eine Pause. Spielen Sie mit Ihrem Hund oder lassen Sie ihn laufen.

› Damit der Hund weiß, wann der Unterricht beginnt und wann er endet, verbinden Sie Anfang und Ende mit je einem extra Signal, zum Beispiel »Clickern!« und »Fertig!«.

› Damit Sie Ihren Vierbeiner nicht ungewollt auf eine bestimmte »Leckerchenhand« konditionieren, wechseln Sie die Hand immer wieder mal. Also mal bekommt er sein Häppchen aus der rechten, mal aus der linken Hand.

› Clicken Sie unbedingt in dem Moment, in dem Ihr Hund das erwünschte Verhalten zeigt, nicht etwa erst danach.

› Der Click kündigt die Belohnung an und beendet gleichzeitig das eben gezeigte Verhalten. Dieses muss dann nicht noch verbal aufgelöst werden.

Jedem **Click** folgt ein **Leckerchen**

EIN CLICK Clicken Sie für ein erwünschtes Verhalten nur einmal, nicht mehrmals nacheinander.

IMMER BELOHNEN Nach jedem Click folgt grundsätzlich ein Leckerchen. Auch dann, wenn Sie versehentlich einmal falsch clicken.

MOTIVATIONSVERLUST Gibt es mehrfach kein Leckerchen, wird der Clicker rasch bedeutungslos.

SPIELEN Hat für den Hund ein Spiel einen hohen Stellenwert, dann kombinieren Sie auch das als Belohnung mit dem Click. Am besten am Ende einer Übung. Werfen Sie ihm seinen Lieblingsball, wenn er ihn auch wieder bringt. Oder animieren Sie ihn zu einem Zerrspiel, aber immer mit Regeln. Meist sind Sie der Sieger und bestimmen Anfang und Ende des Spiels. Als Belohnung reicht ein kurzes Spiel. Hören Sie immer auf, bevor der Vierbeiner keine Lust mehr hat.

FÜTTERN Futter steht bei den meisten Vierbeinern hoch im Kurs und eignet sich deshalb sehr gut als Verknüpfung mit dem Clicker. Besonders auch für die Erstkonditionierung. Es nimmt den Hund im Gegensatz zum Spiel nicht komplett aus der Situation und unterbricht, richtig verabreicht, nicht die Konzentration. Deshalb ist es besonders auch zur Belohnung von ansatzweise richtigem Verhalten und Zwischenschritten geeignet.

EINZIGARTIG Damit der Clicker etwas richtig Gutes ankündigt, müssen Häppchen für den Hund reizvoll sein – am besten klein und relativ weich. Die Geschmäcker sind da allerdings verschieden.

Die erste praktische Übung ohne Hund

Die Theorie ist geschafft! Jetzt beginnt die Praxis, aber zunächst noch ohne Hund. So tun Sie sich leichter, den Einsatz des Clickers und vor allem das richtige Timing auszuprobieren und einzuüben. Außerdem machen solche Trockenübungen viel Spaß. Sie brauchen dafür mindestens eine weitere Person und natürlich einen Clicker.

Einer spielt »Hund«

Bei dieser Trockenübung in der Wohnung übernimmt eine Person die Rolle des Hundes und wird aus dem Zimmer geschickt. Die andere spielt den Hundehalter, hat den Clicker und überlegt sich eine Übung, die der »Hund« ausführen soll. Zum Beispiel zu einem bestimmten Stuhl gehen und die linke Hand (Pfote) auf dessen Lehne legen.

Die einzelnen Schritte

Wie schon erwähnt, werden komplexe Aufgaben erst in ihre Schritte zerlegt. In unserer Übung muss sich der »Hund« zunächst im Zimmer bewegen, dann möglichst in die richtige Richtung gehen, mit der linken Hand (Pfote) etwas tun und diese letztlich auf die Lehne legen – gar nicht so einfach. Ist die Aufgabe klar, wird der »Hund« ins Zimmer geholt. Nun soll er durch Probieren herausfinden, was seine Aufgabe ist. Dabei kann es sein, dass der »Hund« einzelne Schritte überspringt oder diese aber länger dauern. Das ist natürlich nicht nur beim zweibeinigen »Hund« so, sondern auch beim Training mit dem echten Vierbeiner

Richtige Schritte bestärken

Die andere Person beobachtet den »Hund« gut. Nehmen wir an, der »Hund« bewegt sich durchs Zimmer. Es wird immer dann geclickt, wenn er sich ansatzweise in Richtung des richtigen Stuhls begibt. Auch bei jeder weiteren Bewegung in die richtige Richtung wird geclickt. Ist der »Hund« beim Stuhl angekommen, muss er nun herausfinden, was er dort tun soll. Er wird Verschiedenes ausprobieren. Wieder wird jede Aktion in die richtige Richtung bestärkt, zum Beispiel wenn er die linke Hand (Pfote) bewegt. Theoretisch könnte es auch sein, dass er sich noch mal vom Stuhl entfernt. Dann wird zunächst wieder jede erneute Aktion in Richtung Stuhl mit dem Clicker bestätigt. Je präziser geclickt wird, umso rascher wird der »Hund« herausfinden, was er eigentlich tun soll. Bei jedem Click wird er sich freuen, weil er etwas richtig gemacht hat.

Durch Ausprobieren und einen Click für jede Bewegung und Aktion in die richtige Richtung wird die Aufgabe schnell mit Spaß gelöst!

»Strafe« hemmt

Stellen Sie sich das Ganze jetzt mal folgendermaßen vor. Der zweibeinige »Hund« wird immer, wenn er etwas falsch gemacht hat, also stehen bleibt, in die falsche Richtung geht, die falsche Hand (Pfote) bewegt usw., mit einem strengen »Nein!« getadelt. Er wird sich dann kaum mehr trauen, etwas auszuprobieren, da er ja immer wieder Misserfolge erlebt. So entscheidet er sich dafür, lieber nichts mehr zu tun als letztlich etwas Falsches.

Anders wäre es aber mit einem freundlichen Wortsignal wie zum Beispiel »Kalt!«. Würde der »Hund« nun bei einer neuen Aufgabe dasselbe wie vorher probieren, gibt ihm »Kalt!« lediglich an, dass es die völlig falsche Richtung ist, er aber durch Ausprobieren weiterkommt. Das motiviert ihn. Vorausgesetzt natürlich, die Testperson weiß genau, wie das Prinzip des Clickertrainings funktioniert und was es mit dem Korrekturwort »Kalt« auf sich hat (→ Expertenrat, Seite 34).

Wenn Sie Spaß an diesem Spiel haben, dann tauschen Sie doch einfach die Rollen und denken Sie sich weitere Aufgaben aus.

Übungen mit Ball

Das richtige Timing ist beim Clicken ein wesentlicher Faktor. Es heißt zwar oft, man könnte beim Clicken keine Fehler machen, die irgendwelche negativen Folgen haben. Im Gegensatz zum Beispiel zur Ausbildung über Zwang oder Ähnliches. So ganz stimmt das jedoch nicht. Denn ein Click zum falschen Zeitpunkt kann je nach Situation natürlich auch ein unerwünschtes oder sogar problematisches Verhalten bestärken. Achten Sie deshalb in der Hundeerziehung insgesamt und eben auch beim Clickertraining darauf, dass Sie im richtigen Moment belohnen.

Hier heißt es: sehr gut aufpassen! Erwischen Sie mit dem Click den Moment, in dem der Ball den Boden berührt? Das ist gar nicht so einfach.

Mit den beiden folgenden Übungen können Sie das exakte Timing sehr gut üben.
› Ihr Helfer lässt einen Ball fallen. Am besten auf hartem Untergrund, sodass der Ball hüpft. Versuchen Sie jetzt genau in dem Moment zu clicken, in dem der Ball zum ersten Mal den Boden berührt.
› Noch etwas schwieriger ist diese Variante: Der Helfer wirft einen Ball hoch, und Sie versuchen zu clicken, wenn der Ball den höchsten Punkt erreicht. Aber nicht erst dann, wenn er schon wieder auf dem »Rückweg« ist. Schaffen Sie es? Hier wird einmal mehr der Vorteil des Clickers deutlich. In ähnlichen Situationen im Training mit dem Hund könnten Sie ihn ohne sekundären Verstärker gar nicht im richtigen Moment loben. Und dass diese Art Training bei Tieren wie etwa Walen oder Robben ganz und gar unverzichtbar ist, können Sie sich jetzt sicher gut vorstellen.

Clicker-Alltagspraxis

Theorie und Trockenübungen liegen nun hinter Ihnen, und Sie haben ein Gefühl für diese Trainingsmethode bekommen. Ihr Hund ist auf den Clicker konditioniert und schaut erwartungsvoll, wenn Sie das kleine Teil in die Hand nehmen. Jetzt ist es an der Zeit, mit dem Vierbeiner in die Praxis einzusteigen!

Die wichtigsten Übungen für jeden Tag

Alle Grundgehorsamsübungen lassen sich perfekt mit dem Clicker trainieren. Denken Sie dabei aber immer an den folgerichtigen Aufbau (→ Seite 17):
› in einer Umgebung mit möglichst wenig Ablenkung auf das erwünschte Verhalten warten,
› clicken, sobald der Hund das Verhaltensmuster beziehungsweise den Ansatz dazu zeigt,
› über mehrere Trainingseinheiten hinweg jedes Mal clicken, den Clicker dann allmählich variabler und bei besonderen Leistungen einsetzen,
› die Anforderungen sukzessive steigern und auch in anderer, weniger vertrauter oder unbekannter Umgebung trainieren,
› das Signal einführen,
› im letzten Schritt den vierbeinigen Schüler nur noch bestärken, wenn er die Übung auf Ihre Aufforderung hin ausführt – und auch hier sollte variabel und nicht regelmäßig geclickt werden.

Wenn Ihr Hund die acht wichtigsten Gehorsamsübungen kennt und beherrscht, läuft im Alltag alles ohne Probleme und Missverständnisse. Jede Übung sollte sorgfältig trainiert werden. Geduld und regelmäßige Wiederholung sind auch hier die Garanten für eine erfolgreiche und stabile Ausbildung.

»Schau!«

Ziel der Übung ist der Blickkontakt, den der Hund auf Ihr Signal hin zu Ihnen aufnimmt. Blickkontakt ist die unverzichtbare Voraussetzung bei nahezu jeder Interaktion mit dem Hund. Insofern ist diese Einheit quasi die Grundübung der Grundübungen und der ideale Einstieg in die Materie. Später soll dann auch Blickkontakt bei Ablenkungsreizen hergestellt werden, etwa in der Gegenwart anderer Hunde oder von Joggern. Es ist dabei zweitrangig, ob Ihr Hund sitzt, steht oder liegt.

So klappt es Vielleicht schaut Ihr Hund Sie schon erwartungsvoll an, wenn er den Clicker in Ihrer Hand sieht. Das heißt dann Click und Belohnung. Stellt er den Blickkontakt nach dem Fressen des Leckerbissens sofort wieder her, folgen erneut Click und die Belohnung. Ansonsten warten Sie, bis er Sie anschaut. Ablenkung ist anfangs tabu: Üben Sie in reizarmer Umgebung, damit der Schüler nicht interessantere Alternativen entdeckt. Hat er den Zusammenhang verstanden, bestätigen Sie den zunehmend längeren Blickkontakt. Dann wird unter Ablenkung trainiert, und das Signal kommt dazu.

Mögliche Hilfe Schaut Ihr Hund Sie überhaupt nicht an, anfangs kurz mit der Zunge schnalzen. Aber nur bis zum ersten Blickkontakt.

Körperpflege auf einen Click

PFLEGEMUFFEL Mag Ihr Hund es nicht, wenn Sie sein Gebiss, die Ohren und Augen kontrollieren? Üben Sie die Handgriffe mit dem Clicker.

ANFASSEN ERLAUBT Beispiel Ohren: Clicken Sie, wenn Ihr Hund eine kurze Berührung seiner Ohren duldet. Kontakt allmählich ausdehnen und anschließend die Ohren auswischen.

CLICK FÜR DIE OHRENTROPFEN Ohr anfassen und Flasche mit dem Ohrreiniger darüberhalten – Click! Fläschchen immer näher ans Ohr bringen, bis schließlich der erste Tropfen im Ohr landet. Bei anderen Pflegediensten geht man ähnlich vor.

HILFSDIENST Da für viele Pflegemaßnahmen beide Hände gebraucht werden, sollte eine zweite Person das Clicken übernehmen.

»Hier!«

Ihr Hund soll auf Zuruf sofort und ohne Umweg zu Ihnen kommen, auch aus größerer Entfernung und unter Ablenkung.

So klappt es Der Vierbeiner ist nur wenige Meter von Ihnen entfernt. Machen Sie ihn entweder mit einem Lockruf, seinem Namen oder mit »Schau!« (→ links) auf sich aufmerksam. Entfernen Sie sich zügig rückwärtsgehend, sobald er Blickkontakt aufgenommen hat. Clicken Sie, wenn er herbeikommt, und belohnen Sie ihn mit einem Häppchen oder Spiel. Je schneller er kommt, desto reizvoller sollte die Belohnung sein. Reagiert er freudig und sichtbar motiviert, dann setzen Sie das Signal, während er auf Sie zuläuft. Das kann ein »Hier!« sein, markanter ist aber ein Pfiff mit der Hundepfeife. Erhöhen Sie Ablenkung und Distanz nur langsam, damit der Hund den Ablauf verinnerlicht. Üben Sie daher die ersten ein bis zwei Wochen nur im Haus. Danach kann das Training nach draußen verlegt werden, zunächst am besten in den Garten.

Mögliche Hilfe Bei einem eher unaufmerksamen Hund müssen Sie etwas nachhelfen. Ein Helfer hält ihn am Halsband oder an der Brust fest. Sie zeigen dem Hund einen Leckerbissen und laufen damit weg. Der Hund wird hinter Ihnen herlaufen wollen. Sobald Sie etwas weiter weg sind, lässt der Helfer ihn los. Drehen Sie sich zu ihm um und clicken Sie, während er auf Sie zuläuft. Bei Ihnen angekommen, erhält er natürlich auch sein Häppchen.

Extratipp Ebenfalls sinnvoll ist die Mithilfe einer zweiten Person, wenn der Hund auf Pfiff aus einer größeren Entfernung zu Ihnen kommen soll. Er verfolgt mit, wie Sie sich immer weiter von ihm entfernen, kann aber nicht hinterher, weil er festgehalten wird. In dieser Situation wird der »erlösende« Pfiff dann zum Highlight und prägt sich optimal ein.

Sie sind bereit, der Clicker ist in Ihrer Hand, die Leckerchen liegen in Greifnähe. Aber noch nimmt der Vierbeiner keinen Blickkontakt zu Ihnen auf.

Es ist so weit: Der Hund schaut Sie an – Click und Leckerchen. Clicken Sie die ersten Male immer genau in dem Moment, in dem sein Blick den Ihren trifft.

»Sitz!«

Sitzen ist eine der einfachsten Übungen. Ziel ist es, dass sich der Hund sofort hinsetzt und für ein paar Minuten ruhig bei Ihnen sitzen bleibt.

So klappt es Sie haben schon halb gewonnen, wenn Ihr Vierbeiner sich aus freien Stücken und voller Erwartung setzt, sobald er den Clicker in Ihrer Hand sieht. Jetzt einfach clicken und den Schüler belohnen. Werfen Sie den Leckerbissen am besten ein paar Meter entfernt auf die Erde, damit der Hund erst einmal aufstehen muss. Danach kann er sich wieder von Neuem setzen. Zeigt sich Ihr Hund eher etwas zögerlich, dann clicken Sie jedes Mal, sobald er auch nur die Tendenz zum Hinsetzen zeigt, wenn sich sein Hinterteil also in Richtung Boden bewegt. Bei jedem Click wird es weiter nach unten wandern. Bestärken Sie auch den kleinsten Fortschritt. Bietet der Vierbeiner das Sitzen gezielt an, erhöht man zunächst die Sitzdauer, dann die Ablenkung. Das Lautsignal heißt »Sitz!«, zusätzlich kann die erhobene Hand als Sichtzeichen dienen.

Mögliche Hilfe Kommt der Hund nicht darauf, sich zu setzen, lockt ein Leckerbissen. Halten Sie die Belohnung knapp über seinen Kopf und ignorieren Sie es, falls er bellt, aufsteht oder nach dem Häppchen springt. Die Hand bleibt dabei in der gleichen Position und wird nur geschlossen, damit er den Happen nicht erwischt. Irgendwann setzt er sich. Dann folgen Click und Häppchen.

»Platz!«

Platz machen und in dieser Position auch für längere Zeit und unter Ablenkung zu bleiben, bietet im täglichen Umgang mit dem Hund viele Vorteile – wie beispielsweise beim Besuch eines Restaurants, wo Ihr vierbeiniger Begleiter entspannt und bequem am oder unter dem Tisch liegen soll.

So klappt es Wählen Sie für die ersten Trainingseinheiten die Zeit nach einem langen Spaziergang oder einer wilden Spiel- und Sportsession. Der Vierbeiner ist ausgepowert und müde und legt sich gern hin. Gehen Sie mit ihm in ein ruhiges Zimmer, warten Sie, bis er von sich aus Platz macht – Click und Happen. Werfen Sie den Leckerbissen auch bei dieser Übung etwas weiter weg, um den Hund zum Aufstehen zu veranlassen. Macht er danach wieder Platz, läuft es wie gehabt – Click und Happen. Sobald er das Wunschverhalten zuverlässig zeigt, dehnt man die Zeitspanne bis zum Click allmählich aus, damit er immer länger im Platz bleibt. Und dann wieder: Ablenkung verstärken, die Übungsumgebung wechseln und das Signal einführen. Sinnvoll ist »Platz!« in Kombination mit einer nach unten gerichteten Handbewegung.

Mögliche Hilfe Ihr Energiebündel wird nie wirklich müde? Oder dauert es eine Ewigkeit, bis er sich hinlegt? Dann nehmen Sie ein Leckerchen zu Hilfe. Setzt Ihr Hund sich freiwillig neben Sie, dann halten Sie ihm den Leckerbissen vor die Nase und führen diesen langsam direkt nach unten. Bitte nicht schräg nach vorn, weil der Hund dabei aufsteht. So aber folgt er dem Happen mit den Augen und legt sich ganz automatisch hin – Click und Belohnung.

Extratipp Die Hand mit dem Häppchen unter einen niedrigen Tisch oder Ihr angewinkeltes Bein halten. Der Hund kann den Leckerbissen nur erreichen, wenn er sich hinlegt.

»Bleib!«

Bei Übungsbeginn sollte Ihr Hund schon in der Lage sein, auch über eine längere Zeitspanne ruhig neben Ihnen zu sitzen oder zu liegen (→ Seite 27). Jetzt können Sie ihn daran gewöhnen, in dieser Position zu bleiben, selbst wenn Sie sich von ihm entfernen. Übungsziel: an der Stelle bleiben, bis Sie zurückkehren. Der Hund soll entspannt auf Sie warten. Daher ist es für längere Zeit bequemer, wenn er dabei liegt. Klappt das »Bleib!« gut, können Sie den Vierbeiner aus dem Sitz ab- und zu sich rufen. Niemals aber aus dem Platz abrufen, da er später auch unter Ablenkung oder wenn Sie aus seinem Blickfeld verschwunden sind, zuverlässig und entspannt liegen bleiben soll.

So klappt es Lassen Sie den Hund neben sich Platz machen. Stellen Sie sich für einige Sekunden etwa 20 cm entfernt frontal vor ihn und gehen Sie dann wieder an seine Seite zurück – Click. Anfangs nur die Zeitspanne vergrößern, später erst die Distanz zum Hund. Sobald Sie sich für zwei bis drei Minuten mehrere Meter entfernen können, gehen Sie parallel zum Hund hin und her, bis allmählich ein immer größerer Kreisbogen daraus wird. Eines Tages verstecken Sie sich dabei hinter einem Baum oder Busch, zuerst nur kurz, dann immer länger. Das Signal »Bleib!« erfolgt unmittelbar, bevor Sie weggehen. Sichtzeichen: Handfläche kurz vor das Gesicht des Hundes halten. Beim sitzenden Hund übt man mit geringerer Dauer und Entfernung.

Mögliche Hilfe Kapiert Ihr Hund nicht, worum es geht? Dann wird er mit der Leine an einen Baum gebunden oder vom Helfer gehalten. Jetzt kann er Ihnen nicht folgen. Clicken Sie, sobald er – je nach Übung – Platz macht oder sich setzt.

> ### Nur **bestimmte Übungen** clicken
>
> **LECKERLI FÜR DEN GEHORSAM** Sie wollen den Grundgehorsam bei Ihrem Hund lieber auf der Basis von Leckerchen und ohne Clicker üben, oder Ihr Vierbeiner hat die Übungen bereits mit Leckerchen gelernt? Alles kein Problem. Sie können ihn trotzdem auch auf den Clicker konditionieren und den Click dann nur bei Kunststücken oder komplexen Übungen einsetzen.

ANSATZ BELOHNEN Dieser Vierbeiner hat schon Verschiedenes ausprobiert, aber nichts, was in Richtung Sitzen ging. Nun aber bewegt er sein Hinterteil ein Stück nach unten. Das ist jetzt der richtige Augenblick für den Click. Der Hund wird so bald darauf kommen, was Sie meinen. Bleibt der Click jedoch aus, sinkt die Wahrscheinlichkeit für einen erneuten Ansatz in die richtige Richtung. Beobachten Sie Ihren Hund gut, damit Sie im optimalen Moment clicken können.

TIMING Der Hund soll Blickkontakt halten. Er schaut sein Frauchen aufmerksam an. Da dieser Moment anfangs ziemlich kurz sein kann, heißt es gut beobachten und rechtzeitig reagieren. Denn schon ein wenig Verzögerung reicht, und man bestärkt das Wegschauen, also gerade das Gegenteil von dem, was man wollte. Kommt der Click jedoch im richtigen Moment, hält der Vierbeiner in Erwartung des Clicks schon bald längeren Blickkontakt.

ZIEL ERREICHT So sieht perfektes Bei-Fuß-Gehen aus. Der Hund bleibt eng an der Seite seines Menschen und zeigt volle Aufmerksamkeit. Das ist einen Click samt Jackpot wert!

CLICKER-ALLTAGSPRAXIS

»Steh!«

Bleibt der Hund ruhig stehen, ist das nicht nur beim Anleinen oder beim Tierarzt praktisch.

So klappt es Vielleicht gibt es schon eine Situation, in der Ihr Hund für kurze Zeit ruhig stehen bleibt. Super: Click und Belohnung! Sitzt oder liegt er, geht man einige Schritte rückwärts, um ihn zum Aufstehen zu motivieren, aber nicht zum Nachlaufen. Und wieder clicken und belohnen. Bestätigen Sie längeres ruhiges Stehen später unter Ablenkung und in fremder Umgebung. Üben Sie dabei auch, dass sich Ihr Vierbeiner abtasten lässt.

Mögliche Hilfe Ist Ihrem Vierbeiner diese Übung zu schwer? Setzt er sich etwa immer wieder, oder erwischen Sie den richtigen Moment nicht, weil er zu lebhaft ist, nehmen Sie ein Leckerchen zu Hilfe. Führen Sie es waagerecht nach vorne, sodass er aufsteht. Steht er, halten Sie die Hand nun ruhig – Click. Achtung, führen Sie den Happen nicht nach oben, sonst setzt der Hund sich hin. Um das Stehen zusätzlich zu unterstützen, legen Sie gegebenenfalls Ihre Hand an die Bauchunterseite des Hundes.

»Bei Fuß!«

Der Hund soll an lockerer Leine dicht neben Ihnen laufen, entweder links oder rechts. Wünschenswert ist, dass er immer wieder Blickkontakt hält.

So klappt es Geübt wird mit lockerer oder ohne Leine. »Schau!« (→ Seite 25) ist als Vorübung ideal – natürlich mit Belohnung. Dann gehen Sie zügig los, eventuell mit kurzem Locklaut. Folgt der Hund Ihnen – Click und Belohnung, selbst wenn er noch unterwegs ist. Gehen Sie erneut los. Jetzt aber erst clicken, wenn er näher gekommen ist, und schließlich, nachdem er sie eingeholt hat. Anfangs ist es okay, wenn er nur für ein paar Schritte neben Ihnen bleibt. Vergrößern Sie die Laufstrecke allmählich. Bei strammem Tempo klappt es am besten. Testen Sie später, ob Ihr Hund auch bei Schlangenlinien und bei einer »8« an Ihrer Seite bleibt. Führen Sie jetzt das Signal »Fuß!« ein. Trainieren Sie auf wechselndem Untergrund und an Hindernissen wie Stämmen oder Treppen und auch unter Ablenkung (Radfahrer, Jogger). Ihr Hund ist der perfekte Begleiter, wenn er Sie dabei immer wieder anschaut.

Richtiges Gehen an lockerer Leine wird mit einem Click belohnt. Ungeduldiges Zerren nicht.

Die wichtigsten Übungen für jeden Tag

Mögliche Hilfe Halten Sie einen Leckerbissen in der linken Hand, wenn der Hund an Ihrer linken Seite geht. Der Arm hängt nach unten, der Vierbeiner darf während des Laufens am Häppchen lecken und bleibt dabei in der gewünschten Position. Also folgen Click und Belohnung. Nach und nach wandern Leckerchen und Hand in die Jackentasche. Der Hund geht mit, schaut Sie an und wird bestätigt.

»Langsam!«

Auch wenn er angeleint ist, muss der Hund nicht immer exakt bei Fuß laufen. Aber an der Leine zerren soll er natürlich auch nicht. Mit einem Hund an lockerer Leine macht jeder Spaziergang gleich doppelt so viel Vergnügen.

So klappt es Clicken und belohnen Sie den Hund, wenn er zufällig ein paar Meter an lockerer Leine läuft. Zerrt er an der Leine, stoppen Sie solange, bis sie nicht mehr gespannt ist. Signalisieren Sie Ihrem Hund die drohende Zwangspause, indem Sie ihn mit »No!« oder »Stopp!« vorwarnen. Beim Zerren an der Leine darf er nie Erfolg haben oder seinen Kopf durchsetzen. Verknüpfen Sie das Laufen an lockerer Leine mit einem ruhigen »Langsam!« und erhöhen Sie nach und nach Dauer und Ablenkung. Will Ihr Hund irgendwo schnüffeln, weil dort ein Artgenosse markiert hat, dann darf er Sie nicht dorthin zerren. Bleibt die Leine aber locker, folgt der Click, und statt des Leckerbissens gibt es die Schnüffel-Erlaubnis. Die Strategie gilt auch, wenn der Hund unterwegs Bekannte begrüßen möchte. Belohnen Sie variabel, indem er manchmal dorthin darf, wohin er möchte, manchmal aber auch nicht – trotz lockerer Leine. Gehen Sie dann einfach weiter.

Mögliche Hilfe Besonders leicht läuft das Training, wenn Ihr Hund ausgepowert ist und Sie mit ihm in einer reizarmen Umgebung üben.

Die richtigen Signale verwenden

TIPPS VON DER CLICKER-EXPERTIN
K. Schlegl-Kofler

EINDEUTIG UND KLAR Suchen Sie die Signale sorgfältig aus. Verwenden Sie eindeutige Worte und Handzeichen, die sich klar voneinander unterscheiden und die Sie in keinem anderen Zusammenhang verwenden.

DER TONFALL ZÄHLT Die Begriffe sollten im täglichen Sprachgebrauch nicht allzu häufig vorkommen, sonst besteht die Gefahr, dass der Hund sie nicht klar zuordnen kann. Achten Sie auf gute Betonung, damit sie sich vom Tonfall des normalen Redeflusses unterscheiden.

NICHT ÜBERFORDERN Beginnen Sie nicht gleichzeitig mit mehreren neuen Übungen. Das kann den Hund verwirren, da er für unterschiedliche Verhaltensweisen belohnt wird.

TRAININGSZEIT Übungen und Tricks, an denen Sie schon eine Zeit lang arbeiten, trainieren Sie am besten zeitlich getrennt, zum Beispiel zu verschiedenen Tageszeiten. Das gilt besonders für Übungen, die sich in Aufbau und Anforderung ähneln. Was der Vierbeiner gut kann, können Sie natürlich immer und überall abrufen.

CLICKER-ALLTAGSPRAXIS

Übungen mit dem Targetstab

Hunde haben Spaß am Lernen und wollen beschäftigt werden. Das Clickertraining bietet dazu vielerlei Möglichkeiten. Hier finden Sie eine Auswahl an Ideen, sicher haben Sie noch weitere. Denken Sie auch hier immer an den richtigen Übungsaufbau (→ Seite 17). Nehmen Sie außerdem Rücksicht auf Ihren Hund, und verlangen Sie nichts von ihm, was ihn körperlich oder im Kopf überfordert.

»Touch!«

Für diese Übung brauchen Sie lediglich etwas Stab-ähnliches. Sehr gut eignet sich zum Beispiel ein Teleskop-Targetstab, den Sie im Zoofachhandel bekommen. Der Hund lernt nun, die Spitze des Stabs zu berühren. Die Touch-Übung ist ein idealer Einstieg in das Tricktraining und erweist sich später bei verschiedenen anderen Tricks und Übungen als sehr nützlich.

So klappt es Halten Sie die Spitze des Stabs vor das Gesicht Ihres Hundes. Warten Sie so lange, bis der Hund sie zufällig mit der Nase berührt oder bewusst daran schnüffelt. Sein Interesse können Sie auch wecken, indem Sie die Spitze leicht hin und her bewegen. Die Nase des Hundes sollten Sie dabei aber möglichst nicht aktiv berühren. Stupst Ihr Schüler die Stabspitze an, folgen der Click und die Verstärkung durch den Leckerbissen. Meist dauert es nicht lange, bis Ihr Hund die Spitze bewusst anstupst. Beginnen Sie jetzt damit, den Stab in unterschiedlichen Positionen zu halten. Zunächst etwas seitlich von Ihrem Körper auf der Höhe der Hundenase, sodass der Vierbeiner einige Schritte zum Stab gehen muss.

Da man den Teleskop-Targetstab ausziehen kann, lässt sich die Distanz sehr leicht variieren. Läuft der Hund zuverlässig und gezielt zum Stab – gleich ob Sie diesen rechts oder links vor sich oder hinter sich halten –, dann können Sie die Targetspitze nun auch tiefer halten.

Je nach seiner Körpergröße muss der Hund sich unter Umständen sogar hinlegen, um die Spitze berühren zu können. Versuchen Sie andererseits aber auch, den Stab so hoch zu halten, dass Ihr Hund sich auf die Hinterbeine stellen muss, um an die Spitze zu kommen. Wechseln Sie wie bei anderen Übungen nach einiger Zeit die Umgebung und führen Sie als Lautsignal »Touch!« ein. Der Click kommt immer dann, wenn der Hund den Stab berührt. Nach dem Click wird Ihr Hund zurückkommen, um sich seine Belohnung zu holen.

Dieser Hund kennt »Touch!«. Mit der Nase an der Targetstabspitze lässt er sich mühelos durch die Beine führen und bekommt einen Click dafür.

Wenn der Hund an der Stabspitze schnuppert, gibt es einen Click. Hat er das gelernt, können Sie die Position des Stabs in Ihrer Hand verändern.

Folgt die Hundenase dem Stab in jeder Position, stecken Sie diesen ein Stück entfernt in die Erde. Geclickt wird, wenn der Hund die Spitze berührt.

Mögliche Hilfe Zeigt der Vierbeiner nur wenig oder überhaupt kein Interesse am Stab, nehmen Sie ein Stückchen Wurst in die Hand und reiben Sie danach mit der Hand oder direkt mit etwas Streichwurst die Stabspitze ein.
Variation Clicken Sie, wenn Ihr Hund mit der Nase immer länger an der Spitze des Targetstabs bleibt. Eine andauernde Berührung erleichtert es zum Beispiel, einen kleinen Hund beim Bei-Fuß-Gehen in der richtigen Position zu halten. Stürmische und vorsichtige Hunde lassen sich damit gleichermaßen gut über unterschiedliche Hindernisse leiten. Beim Spaziergang kann das eine Balancierübung über einen liegenden Baumstamm sein, im Hundesport etwa das Überwinden der Schrägwand.

Durch die Beine laufen

Der Targetstab stellt auch das ideale Hilfsmittel dar, um einem Hund ohne viel Mühe beizubringen, wie er durch die Beine des Menschen laufen muss und dabei eine »8« beschreibt.

So klappt es Führen Sie den Stab wie eine »8« um Ihre Beine. Der Hund folgt dem Stab, der Click kommt dann, wenn die »8« fertig ist. Hat Ihr Hund die Übung verstanden, setzen Sie den Click erst nach der zweiten »8« oder noch später.
Mögliche Hilfe Lassen Sie ihn einen Kreis um ein Bein laufen, wenn die »8« anfangs zu viel ist. Klappt es, kommt der Lauf ums zweite Bein dazu.

Wie oft clicken im Training?

STUFENWEISE Je kleiner die Übungsschritte, desto besser versteht Ihr Hund, was er tun soll.

… UND CLICK Je nach Übung können pro Minute zwischen 10 und 15 Clicks sinnvoll sein.

INTENSIVTRAINING Üben Sie maximal zwei Minuten am Stück, aber mehrmals täglich. Achten Sie auf die Konzentrationsfähigkeit des Hundes.

Ein **Korrekturwort** verwenden

TIPPS VON DER
CLICKER-EXPERTIN
K. Schlegl-Kofler

TONFALL Das freundlich gesprochene Korrekturwort sagt dem Hund, dass sein Verhalten so nicht erwünscht ist, er aber weiter probieren soll, und eine Belohnung folgt. Es ist kein Verbot!

EINSATZ Verwenden Sie das Wort nur, wenn der Hund erfahren im Clickertraining und nicht zu sensibel ist – etwa, wenn er eine Übung zeigt, die er kann, Sie aber etwas Neues sehen möchten.

VERKNÜPFUNG So funktioniert sie: Der Hund bringt zwei Gegenstände nacheinander, wenn sie einzeln am Boden liegen, und bekommt dafür stets den Click. Wenn Sie ihm beide gleichzeitig hinlegen, wird er zunächst für den bestärkt, den er zuerst bringt. Versucht er das wieder, heißt es z. B. »Schade!«. Nimmt er nach erfolglosen weiteren Versuchen den anderen – Click. Bestätigen Sie ihn ein paar Mal dafür. Soll er wieder den anderen bringen, heißt es erneut »Schade!«.

ALTERNATIVE Sie haben in jeder Hand Leckerchen, die er jedes Mal aus der Hand bekommt, die er ansteuert. Dann heißt es »Schade!«. Geht er zur anderen Hand, gibt es daraus Häppchen.

Variation Lassen Sie Ihren Hund Slalom durch Ihre Beine laufen. Machen Sie einen größeren Schritt nach vorn und leiten Sie den Hund mit dem Targetstab zwischen den Beinen hindurch. Dann folgt der nächste Schritt, und wieder wird er um das Bein herum und durch die Beine geleitet. Bis Sie kontinuierlich mit größeren Schritten gehen und Ihr Hund dabei im Slalom um Ihre Beine läuft.

»Voran!«

Wollen Sie Ihren Hund in eine ganz bestimmte Richtung schicken? Sobald er die Übung »Touch!« beherrscht, können Sie damit beginnen.

So klappt es Stecken Sie den Targetstab in die Erde. Zu Übungsbeginn nicht weiter als einen bis zwei Meter von Ihnen entfernt, später aber immer weiter weg. Zeigen Sie Ihrem Vierbeiner mit ausgestrecktem Arm die gewünschte Richtung an, damit er sich von Anfang an auch an diesem Körpersignal orientiert. Führen Sie als Lautsignal »Voran!« oder »Voraus!« ein. Gestalten Sie die Laufstrecke zum Stab am besten etwas abwechslungsreich, indem der Hund zum Beispiel über einen Baumstamm springen oder einen kleinen Bach durchqueren muss. Der Weg zum Ziel darf auch durch eine Hecke oder ein Gebüsch führen. Clicken Sie immer dann, wenn er den Stab berührt.

Variation Hat Ihr Vierbeiner die richtungsweisenden Handzeichen verstanden, können Sie zum Beispiel mit mehreren gleichen Targets arbeiten. Stecken Sie zwei Targetstäbe in einem Winkel von 180 Grad in die Erde und schicken Sie den Hund zuerst zum einen voran, danach zum anderen. Je kleiner der Winkel ist, desto anspruchsvoller gestaltet sich diese Übung für den Hund.

› Um den Hund nach rechts oder links zu schicken, sitzt er Ihnen zu Übungsbeginn gegenüber.

Übungen mit dem Targetstab

Der Targetstab steckt auf seiner Höhe rechts oder links von ihm in der Erde. Jetzt strecken Sie den rechten oder linken Arm waagerecht zur Seite und schicken Ihren Schüler zum Stab. Als Lautsignal eignet sich »Rüber!«, Sie können natürlich auch »Rechts!« und »Links!« verwenden. Vergrößern Sie allmählich die Entfernung zwischen sich und Ihrem Hund und den Abstand des Hundes zum Stab.

› Beherrscht Ihr Hund jede Seite einzeln, stecken Sie jetzt rechts und links einen Targetstab in die Erde und schicken ihn auf den zuerst platzierten.
› Ist der Hund beim Stab angekommen, geben Sie das Signal »Sitz!« oder »Platz!«. So können Sie den Vierbeiner gezielt auf Entfernung ablegen. Diese Übung ist Teil mancher Hundeprüfungen.

Extratipp Sobald Ihr Vierbeiner nach einiger Trainingszeit die Variationen beherrscht, ohne Zögern in die von Ihnen vorgegebene Richtung läuft und auf Entfernung »Sitz!« oder »Platz!« macht, lassen Sie die Stäbe weg. Bringfreudigen Hunden kann man jetzt anstelle der Stäbe einen oder mehrere Apportiergegenstände auslegen, die geholt werden dürfen. Dabei entfällt dann »Sitz!« oder »Platz!«.

Einen Ball rollen

Alle Ballspiele machen Hunden tierischen Spaß und bringen viel Abwechslung ins Hundeleben. Für das Training brauchen Sie einen großen Ball, den Ihr Hund nicht ins Maul nehmen kann. Diese Übung setzt voraus, dass der Hund das Basistraining für »Touch!« (→ Seite 32) bereits beherrscht.

So klappt es Berühren Sie den Ball mit der Targetspitze. Ihr Hund stupst sie an und setzt so gleichzeitig auch den Ball in Bewegung. Clicken Sie jedes Mal, selbst dann, wenn er den Ball anfangs nur leicht berührt. Später sollten Sie jedoch nur noch clicken, wenn er den Ball dabei so heftig anstößt, dass der ein Stück wegrollt. Stupst er zuverlässig und fest genug gegen den Ball, entfällt die Aktion mit dem Targetstab. Führen Sie zu diesem Zeitpunkt stattdessen das Lautsignal ein, etwa »Ball!« oder »Rollen!«.

Variation Beherrscht Ihr Hund die vorherige Lektion, können Sie mit ihm auch richtig Ball spielen. Werfen Sie ihm den Ball zu und geben Sie rechtzeitig das Lautsignal »Ball!«. Der Hund lernt schnell, im richtigen Moment hochzuspringen und den Ball so kräftig anzustupsen, dass er in Ihre Richtung zurückfliegt. Ein Anfang ist gemacht, wenn der Ball einmal zu Ihnen zurückkommt, später klappt es dann meist auch mehrmals hintereinander.

Extratipp Achten Sie hier wie bei allen anderen Aktionsspielen darauf, dass Ihr Hund weder körperlich noch mental überfordert wird, und legen Sie vor allem bei hochsommerlichen Außentemperaturen regelmäßig eine Spielpause ein.

Stupst der Hund den Targetstab an, berührt er automatisch den Ball. Ist das Anstupsen stark genug, kommt der Ball ins Rollen.

Rund ums Apportieren

Einen Gegenstand aufzunehmen und zu tragen ist für den Hund nichts Ungewöhnliches, vorausgesetzt, das Objekt findet sein Interesse. Sicher trägt auch Ihr Vierbeiner seinen Kauknochen oder ein Spielzeug aus freien Stücken immer wieder einmal mit sich herum. Etwas anders sieht es aber aus, wenn Sie ihn gezielt zum Apportieren auffordern. Für die folgenden Übungen sollte Ihr Hund schon Erfahrung mit dem Clicker haben.

Einen Gegenstand aufnehmen

So klappt es Verwenden Sie ein Objekt, das der Hund gut nehmen kann und legen Sie es auf den Boden. Irgendwie wird er davon Notiz nehmen. Von seiner Reaktion hängt es ab, wann Sie clicken. Zeigt er anfangs nur wenig Interesse, sollten Sie schon bei jedem Blick und jedem Schritt Ihres Hundes in Richtung des Gegenstands clicken. Untersucht er diesen sofort, erfolgt der Click, sobald er das Objekt berührt. Beschäftigt Ihr Vierbeiner sich intensiv mit dem Gegenstand, wird er nicht mehr bestätigt, wenn er ihn nur berührt. Er muss nun weiterprobieren, wofür es den Click gibt. Zeigt er Ansätze, die Schnauze aufzumachen – Click. Die nächste Stufe wäre das Umfassen des Objekts – Click. Dann muss er weiter probieren. Nimmt er es auf – Click und Jackpot. Bringfreudige Hunde brauchen weniger Zwischenschritte, andere mehr.

Mögliche Hilfe Kicken Sie den Gegenstand mit dem Fuß zur Seite, wenn sich Ihr Hund am Anfang nur wenig oder gar nicht dafür interessiert. Das erhöht den Reiz. Oder halten Sie ihm das Objekt vor die Nase und bewegen Sie es hin und her. Bestätigen Sie jede auf den Gegenstand gerichtete Aktion des Hundes. Sobald er das Objekt gezielt aus der Hand nimmt, trainieren Sie mit ihm, dass er es ab jetzt vom Boden aufnimmt. Manche Hunde lassen sich motivieren, wenn ihr Besitzer sich intensiv mit einem Gegenstand beschäftigt und ihn dann erst einmal wegräumt.

Richtiges Abgeben: Nur wenn der Hund den Ball direkt in Ihre Hand fallen lässt, gibt es einen Click.

Länger festhalten

So klappt es Fragen Sie sich, wie Ihr Hund das Halten erlernen soll, wenn er seine Belohnung bekommt, nachdem er das Objekt fallen gelassen hat? Hier liegt ein kleiner Denkfehler vor. Um dem Hund das Halten eines Objekts beizubringen, ist exaktes Timing beim Clicken nötig. Der Click beendet die Übung: Er erfolgt, solange der Hund den Gegenstand im Maul hält. Erst dann lässt er los und erhält die Belohnung. Auf keinen Fall dürfen Sie clicken, während er den Gegenstand schon fallen lässt! Anfangs reicht es, wenn der Hund das Objekt nur kurz festhält. Klappt das zuverlässig, clickt man nur noch, wenn er es länger hält, und dehnt mit zunehmender Sicherheit die Zeitspanne allmählich immer weiter aus.

Extratipp Wenn Ihr Hund den Gegenstand schon über längere Zeit hinweg festhält, können Sie ihn auch für einige Minuten bei Fuß gehen lassen. Er lernt meist sehr schnell, das Objekt auch in der Bewegung exakt festzuhalten.

Das Apportierobjekt abgeben

So klappt es Ihr Vierbeiner hält sein Apportel nun zuverlässig so lange, bis Sie clicken. Jetzt soll er es Ihnen aber nicht vor die Füße werfen, sondern in die Hand geben. Halten Sie die Hand vor dem Click unter das Objekt, sodass es in die Hand fällt. Verknüpfen Sie das Abgeben mit dem Signal »Aus!« oder »Danke!«, während der Hund nach dem Click loslässt. Nach einigen Trainingseinheiten hat er das Abgabesignal verknüpft. Clicken Sie jetzt nicht mehr das Halten, sondern erst, wenn er auf Ihr Signal hin das Apportel in Ihre Hand gelegt hat. Lässt er es ohne Signal fallen, gibt es keinen Click. Gehen Sie in diesem Fall einen Übungsschritt zurück, da offensichtlich das Halten noch nicht gefestigt ist.

1 Der Hund weiß noch nicht genau, was er mit dem Ball tun soll. Aber er bewegt sich versuchsweise mal darauf zu. Sehr schön, dafür gibt es einen Click!

2 Dadurch hat er verstanden, dass er sich mit dem Ball beschäftigen soll. Er probiert weiter und berührt ihn jetzt – und wieder gibt es einen Click.

3 Doch das reicht jetzt nicht mehr. Also versucht er es weiter und nimmt den Ball in den Fang – Click. Ein Ziel auf dem Weg zum Apportieren ist damit erreicht!

Das Apportel bringen

So klappt es Ihr Hund hat gelernt, sein Apportel vom Boden aufzunehmen und zu halten, bis Sie es ihn abgeben lassen. Legen Sie den Gegenstand nun etwas weiter von sich weg. Der Hund sieht dabei zu, während er sitzt oder von einer zweiten Person festgehalten wird. Dann darf er los. Er wird hinlaufen und den Gegenstand aufnehmen. Bewegen Sie sich jetzt rückwärts weg und locken ihn.

CLICKER-ALLTAGSPRAXIS

Er wird herbeikommen und Ihnen das Objekt in die Hand geben. Führen Sie im nächsten Schritt das Lautsignal fürs Bringen ein, während der Hund den Gegenstand aufnimmt, zum Beispiel »Bring!« oder »Apport!«. Hat er es sicher verknüpft, erfolgt das Signal, sobald Sie ihn losschicken. Wenn er die Ausgangsübungen mehrfach erfolgreich absolviert hat, können Sie die Apportierdistanz vergrößern und das Objekt immer weiter von sich weglegen. Die Übung lässt sich am besten kontrollieren, wenn Ihr Hund ruhig und aufmerksam neben Ihnen sitzt, bevor Sie ihn losschicken.

Extratipp Apportiert Ihr Vierbeiner leidenschaftlich gern? Dann trainieren Sie mit ihm doch einmal mit unterschiedlichen Gegenständen. Zum Apportieren eignen sich sicher einige seiner Spielsachen, aber auch diverse Alltagsobjekte wie etwa ein kleiner Einkaufskorb, das Handy, ein Metalllöffel oder ein Schlüsselbund.

Auch Ihr Hund lernt schnell, wie man eine Kiste ausräumt ...

So klappt es Einen Hund, der apportieren kann, stellt diese Übung kaum vor Probleme. Legen Sie ein vertrautes Apportierobjekt in eine Kiste in Ihrer Nähe. Vermutlich holt der Hund es aus eigenem Antrieb heraus, um es Ihnen zu bringen. Belohnen Sie ihn zunächst fürs Bringen. Sobald das klappt, legen Sie mehrere Gegenstände in die Kiste. Der Click erfolgt jetzt erst, wenn der Vierbeiner das zweite Objekt bzw. das dritte oder vierte bringt. Soll er den Gegenstand schon neben der Kiste ablegen, dann clicken Sie bereits, während er ihn noch hält, sodass das Apportel möglichst am gewünschten Platz auf die Erde fällt, sobald der Hund es loslässt – also clicken, wenn er zum Beispiel den Kopf in eine andere Richtung wendet oder einen Schritt weggeht. Clicken Sie bereits das Verhalten, das in die richtige Richtung weist. Hat Ihr Vierbeiner das verstanden, clicken Sie ab jetzt nur noch, während er den Gegenstand neben der Kiste fallen lässt. Sitzt diese Übung, kommt ein zweites Apportel dazu. Geclickt wird nun erst, wenn auch der zweite Gegenstand neben der Kiste liegt. Nimmt Ihr Hund die Objekte bei mehreren Übungseinheiten zuverlässig aus der Kiste und lässt sie dann gezielt daneben fallen, führen Sie das Signal »Ausräumen!« ein, während er den Gegenstand aufnimmt. Nach und nach liegen mehrere Dinge in der Kiste.

Mögliche Hilfe Interessiert sich Ihr Vierbeiner nicht sonderlich für den Gegenstand in der Kiste, ersetzen Sie das Objekt am Anfang durch einen Leckerbissen, und clicken Sie, sobald der Hund den Kopf in die Kiste steckt. Meist können Sie bereits nach einigen Trainingsdurchgängen auf den Einsatz des Leckerchens verzichten. Läuft alles wie gewünscht, legen Sie jetzt den Gegenstand hinein.

Mit Begeisterung räumt dieser Vierbeiner sein Spielzeug auf. Dass die Kiste noch direkt vor Frauchen steht, erleichtert ihm diese Übung.

... und später wieder einräumt

So klappt es Auch das ist eine relativ leichte Übung, wenn Ihr Hund schon gelernt hat, einen Gegenstand aufzunehmen. Stellen Sie die Kiste in Ihre Nähe, und clicken Sie jede Bewegung Ihres Hundes in Richtung Kiste, bis er schließlich wie beim Ausräumen den Kopf in die Kiste steckt. Mit einem kleinen Leckerbissen lässt sich diese Anfangsprozedur beschleunigen. Hat Ihr Hund den Zweck der Übung verstanden, legen Sie ein ihm vertrautes Apportierobjekt neben die Kiste. Ein bringfreudiger Hund wird es meist schon von selbst aufnehmen. Lassen Sie ihn ausprobieren – wendet er sich zur Kiste, oder ist sein Kopf schon über der Kiste – Click! Hält der Vierbeiner das Apportel gezielt über die Kiste, clicken Sie ab jetzt erst, wenn der Gegenstand in der Kiste liegt. Funktioniert auch das, geht es weiter. Jetzt kommt ein zweiter Gegenstand dazu. Legen Sie die Objekte nach und nach weiter von der Kiste weg. Schließlich vergrößern Sie auch die Entfernung zwischen sich und der Kiste. Führen Sie das Signal »Einräumen!« ein, wenn Ihr Hund erkennbar mit Freude bei der Sache ist und gerne einräumt. Geben Sie das Lautsignal, während er den ersten Gegenstand aufnimmt.

Mögliche Hilfe Stellen Sie die Kiste direkt vor sich auf, wenn Ihr Hund auf »Bring!« (→ Seite 37) apportieren kann, und fordern Sie ihn auf, Ihnen sein Apportel zu bringen. Clicken Sie, sobald er den Gegenstand auf das Signal »Aus!« über der Kiste fallen lässt. Nach einigen Malen lassen Sie das Signal »Aus!« weg und clicken, sobald der Hund das Objekt fallen lässt. Dann entfällt auch das »Bring!«. Clicken Sie immer, wenn der Hund das Objekt selbstständig in die Kiste fallen lässt. Klappt das, platzieren Sie die Kiste an anderen Stellen. Klappt auch das, kommt das Signal »Einräumen!« dazu.

Schnell gelernt: **Spezielle Tricks**

AKTION	AUSFÜHRUNG
HUT AB!	Hat Ihr Hund gelernt, einen Hut oder eine Kappe vom Boden aufzunehmen, ist es nur ein kleiner Schritt, bis er Ihnen das Objekt vom Kopf zieht. Gehen Sie dazu in die Hocke. Vorsicht, manche Vierbeiner reagieren dabei etwas zu stürmisch!
SCHUBLADE AUF! TÜR ZU!	Kann er ein weiches und nicht zu dünnes Seil aufnehmen und halten? Dann binden Sie es am Griff einer Schublade oder an der Türklinke fest. So lernt Ihr Hund, die Schublade zu öffnen bzw. eine Tür zu schließen.
BESTIMMTE OBJEKTE BRINGEN	Trainieren Sie das Aufnehmen verschiedener Gegenstände und verknüpfen Sie das »Bring!« mit der jeweiligen Bezeichnung. Der Hund lernt so, auf Wunsch einen ganz bestimmten Gegenstand herbeizubringen. Trainieren Sie diese Übung getrennt für jedes einzelne Objekt.

Kleine Tricks für Pfotenkünstler

Hunde setzen ihre Vorderpfoten von Natur aus als Aufforderungs- und Beschwichtigungsgeste ein. Daher fallen ihnen Pfotentricks meist sehr leicht.

Pfote geben

So klappt es Zeigen Sie Ihrem Hund ein Futterhäppchen. Nehmen Sie den Leckerbissen dann in die geschlossene Hand und halten sie dem Hund hin. Möglicherweise versucht er zuerst einmal, mit seiner Schnauze an das verlockende Objekt zu kommen, irgendwann aber wird er dazu auch die Pfote einsetzen – und Click! Das Belohnungshäppchen nach dem Click gibt es aus der anderen Hand. Clicken Sie anfangs auch dann, wenn er seine Pfote nur ansatzweise hebt. Sobald er die Pfote gezielt auf Ihre Hand legt, kann das Leckerchen als Motivationshilfe wegbleiben. Führen Sie jetzt das Signal »Pfote!« oder »Gib Pfote!« ein.

Extratipp Soll Ihr Hund die rechte Pfote in Ihre linke Hand und die linke in Ihre rechte Hand legen, können Sie die Signale »Rechts!« und »Links!« verwenden, damit er den Unterschied erkennt.

Kleine Tricks für Pfotenkünstler

Perfekt beherrscht dieser Hund den spanischen Schritt. Sein Frauchen gibt ihm mit dem angewinkelten rechten Arm das Signal, sein linkes Bein zu heben.

»Give me five!«

So klappt es Gibt Ihr Hund Pfötchen, lernt er rasch, auch Ihre Handfläche »abzuklatschen«. Gehen Sie in die Hocke und lassen Sie sich einige Male die Pfote geben. Anfangs mit, dann ohne »Gib Pfote!«. Allmählich drehen Sie Ihre Handfläche Stück für Stück, bis sie senkrecht erhoben nach vorn gerichtet ist. Bei jedem Abklatschen – Click. Legt der Hund seine Pfote auch jetzt an Ihre Hand, kommt das Signal »Five!« oder »Check!« hinzu.

Der spanische Schritt

So klappt es Gut ist es, wenn Ihr Hund schon gelernt hat, Ihnen auf Ihr Signal hin die rechte Pfote in die linke Hand zu legen, die linke in Ihre rechte Hand. Jetzt soll er lernen, die Pfoten so hoch wie möglich zu heben, und zwar bei der fertigen Übung so, dass er keinen Kontakt mehr mit Ihrer Hand hat, diese aber zum Signal wird. Dazu nehmen Sie Ihre Hände allmählich immer höher, sodass der Hund auch seine Pfote immer höher heben muss, um Sie in Ihre Hand zu legen. Üben Sie jede Seite gesondert. Ihr Vierbeiner kann dabei sitzen oder stehen. Das Signal »Gib Pfote!« nennen Sie nur anfangs als Hilfe, dann nicht mehr. Denn letztlich soll er die Pfote nicht in Ihre Hand legen, sondern sie so hoch wie möglich nehmen. Clicken Sie also immer dann, wenn die Pfote den höchsten Punkt erreicht hat.

Das kann bereits sein, bevor seine Pfote Ihre Hand erreicht. Klappt das, nehmen Sie Ihre Hand beim Anheben allmählich zurück, sodass der Hund die Pfote hoch in die Luft hebt – Click –, ohne sie in Ihre Hand zu legen. Ihr jeweils angehobener rechter oder linker Arm wird nur noch zum Signal für die betreffende Seite – also leicht angewinkelter rechter Arm, linke Pfote und umgekehrt. Der andere Arm bleibt hängen. Kann der Hund das sowohl mit rechts, als auch mit links, lassen Sie ihn nacheinander die eine und dann die andere Pfote heben – Click. Dann das Ganze zwei- oder dreimal, danach erst kommt der Click. Wenn Sie sich dabei rückwärtsbewegen und der Hund im »Stechschritt« auf Sie zugeht, ist alles perfekt.

Kann der Vierbeiner Ihnen schon die Pfote geben, ist es nur noch ein kurzer Weg zum Trick »Give me five!«.

»Touch!« mit Pfote

So klappt es Genauso wie Sie Ihrem Vierbeiner beibringen können, mit seiner Nase die Spitze eines Targetstabs zu berühren (→ Seite 32), kann er lernen, dass er dafür die Pfote benutzt. Wenn Sie Ihrem Hund beides beibringen wollen, dann nehmen Sie am besten zwei verschiedene Signale sowie verschiedene Hilfsgeräte. Zum Beispiel den Teleskop-Targetstab für das Anstupsen mit der Nase und eine Fliegenklatsche für die Pfote. Halten Sie die Fliegenklatsche mit der Klatsche nach unten vor sich und warten Sie. Ihr Hund wird das Teil vielleicht zunächst mit der Nase berühren, vor allem, wenn er diesen Trick schon gelernt hat. Wenn das aber nichts bringt, versucht er es weiter und hebt dabei wahrscheinlich auch einmal die Pfote – und Click. In der Folge clicken Sie, wenn er die Pfote höher nimmt oder auch nur in die Nähe der Fliegenklatsche hält. Beobachten Sie Ihren Schüler gut, damit Sie jeden richtigen Ansatz sofort erkennen. Zum Schluss gibt es nur noch einen Click, wenn er die Klatsche mit der Pfote berührt. Der zunächst relativ kurze Kontakt zwischen Pfote und Fliegenklatsche kann allmählich ausgedehnt werden. Verändern Sie wie beim Trick mit der Nase auch hier die Position der Fliegenklatsche, und halten Sie sie weiter von sich entfernt oder sogar auf den Boden, sodass der Hund auf sie treten muss. Oder Sie halten sie nach oben, sodass der Hund mit der Pfote abklatscht (→ »Give me five!«, Seite 41).

Mögliche Hilfe Ihr Vierbeiner kommt nicht darauf, was Sie bei dieser Übung von ihm erwarten? Dann halten Sie ein Leckerchen unter die Fliegenklatsche oder legen Sie das Futterhäppchen auf die Erde und die Fliegenklatsche darauf. Halten Sie die Klatsche dabei aber gut fest.

Der Hund wird versuchen, an den verführerischen Leckerbissen heranzukommen. Möglicherweise anfangs mit der Schnauze, und wenn das nicht funktioniert, wird er aber mit Sicherheit auch die Pfote einsetzen – und schon macht es »click«. Sobald er verstanden hat, worum es hier geht, können Sie das Leckerchen weglassen.

Dieser Mops beherrscht den »Fliegenklatschen-Pfotentrick« in allen Variationen. Auch auf die hoch gehaltene Fliegenklatsche setzt der kleine Vierbeiner souverän sein Pfötchen.

Kleine Tricks für Pfotenkünstler

Viel Spaß für Mensch und Hund

Wenn Sie beim Training mit dem Clicker einige grundsätzliche Punkte beherzigen, kommt Ihr Vierbeiner leichter und schneller zum Übungsziel, vergisst das Gelernte nicht, und der Spaß am Clicken bleibt für beide Seiten ungetrübt.

Tut gut

- Trainieren Sie nur, wenn Sie entspannt und ausgeglichen sind und genügend Zeit haben.

- Beginnen Sie mit einer Übung erst, wenn Ihnen der Weg zum Übungsziel klar ist. Dann wird auch Ihr Hund die einzelnen Schritte verstehen.

- Passen Sie das Training dem Typ Ihres Hundes an: Der eine begreift schnell und ist eifrig, der andere braucht länger und ermüdet leichter.

- Ihr Hund soll ausgeruht und auf dem »normalen« Aktivitätslevel sein. Lasten Sie ein sehr energiegeladenes Tier vor dem Training noch etwas aus.

Besser nicht

- Lassen Sie den Clicker nie herumliegen, damit Kinder und Besucher nicht in Versuchung kommen, den »Knackfrosch« einfach so zu betätigen.

- Reagieren Sie nicht ungeduldig oder ungehalten. Ihr Vierbeiner macht nichts mit böser Absicht falsch.

- Reduzieren Sie den Umgang mit Ihrem Hund nicht aufs Clickertraining. Diese Art der Beschäftigung macht noch kein echtes Team aus Mensch und Hund.

- Zwingen Sie den Hund nicht durch drohende Körperhaltung oder Leinenruck zu bestimmten Verhaltensweisen, um diese durch den Click zu bestätigen.

Sich schütteln, drehen und rückwärtsgehen

Die folgenden Übungen machen Spaß und sind zum Teil auch praktisch im Alltag. Suchen Sie sich aber die aus, die Ihrem Hund am besten liegen.

Sich schütteln

So klappt es Mit einem Hund, der sein Fell auf Kommando schüttelt, läuft es im Alltag viel leichter – zum Beispiel, wenn er nass vom Spaziergang zurückkommt oder sein Fell verschmutzt ist. Clicken Sie, sobald er sich zu schütteln beginnt. Ein Hund schüttelt sein Fell meist nach dem Bürsten oder wenn er sich nach der Siesta gestreckt hat. Oft aber auch, wenn ihm sein Herrchen signalisiert, dass es Zeit zum Gassigehen ist. Und natürlich immer dann, wenn sein Fell nass ist. Sie registrieren bald, wann Ihr Vierbeiner sich schütteln will. Halten Sie dafür den Clicker bereit. Und wieder das übliche Schema: Schüttelt er sich von sich aus, um den Click zu bekommen, führen Sie das Lautsignal ein und steuern die Aktion ab sofort mit »Schütteln!«.

Mögliche Hilfe Sich schütteln ist keine leichte Übung. Kitzeln Sie ihn eventuell am Ohr oder tröpfeln Sie ihm etwas Wasser auf den Kopf.

»Twist!«

So klappt es Für diese Übung brauchen Sie einen Leckerbissen oder einen Targetstab, falls der Hund schon gelernt hat, dessen Spitze mit der Nase zu berühren. Der Vierbeiner steht vor Ihnen, und Sie halten ihm Leckerchen oder Targetstab vor seine Nase. Wie schnell Sie zum Erfolg kommen können, hängt vom Hund ab. Übungsziel ist die Drehung um die eigene Achse, und zwar immer zur selben Seite. Beschreiben Sie mit dem Futterhäppchen oder dem Stab einen Kreis. Je nach Phlegma und Reaktionsfreudigkeit des Hundes clicken Sie anfangs schon, wenn er nur einen Teil des Kreises ausführt. Mit der Zeit erfolgt der Click immer später. Aber vielleicht

Sich schütteln auf Kommando ist nicht einfach. Viele Hunde brauchen dafür einen Reiz wie etwa Wasser.

Kennt der Hund die Übung »Touch!« nicht, wird er mittels Leckerchen dazu animiert, sich um die eigene Achse zu drehen, und bekommt einen Click.

Beim Rückwärtsgehen bewegt man sich ein wenig auf den Hund zu, sein rechtes Hinterbein macht eine kleine Rückwärtsbewegung – schon gibt es den Click!

legt Ihr Vierbeiner auch sofort die ganze Drehung aufs Parkett – und Click! Sobald er die Drehung beherrscht, clicken Sie erst, wenn er sich zweimal um die eigene Achse gedreht hat. Mehr Drehungen am Stück sollten Sie ihm nicht abverlangen. Dann, wie gewohnt, das passende Signal geben, etwa »Dreh dich!«, »Tanz!« oder »Twist!«.

Rückwärtsgehen

So klappt es Ihr Hund steht frontal vor Ihnen. Macht er zufällig einen Schritt rückwärts – Click. Ansonsten bewegen Sie sich mit dem Körper einen Tick auf ihn zu und clicken selbst dann, wenn er nur ansatzweise zurückgeht. Sie können auch einen Schritt auf ihn zu machen, er darf dadurch aber nicht verunsichert werden oder sich bedroht fühlen. Sobald er zuverlässig einen Schritt nach hinten macht, warten Sie ab und geben den Click erst, wenn der nächste Rückwärtsschritt folgt. Zur Unterstützung können Sie sich wieder leicht auf ihn zu bewegen. Geht er mehrere Schritte rückwärts, füh-

ren Sie das Signal »Zurück!« oder »Back!« ein. Als Sichtzeichen ist eine »wegschiebende« Handbewegung hilfreich. Übungsziel: Der Hund geht alleine rückwärts, während Sie in Ihrer Position bleiben.
Mögliche Hilfe Starten Sie das Training dort, wo Ihr Hund nicht seitlich ausweichen, sondern nur rückwärtsgehen kann, zum Beispiel im Flur. Er darf sich dabei aber nicht in die Enge getrieben fühlen!

Minis lernen **Männchen machen**

... UND HOCH! Mit dem Targetstab oder einigen leckeren Häppchen lernen kleinere Hunde meist sehr leicht, sich auf die Hinterbeine zu stellen und Männchen zu machen.

WALZERKÖNIG Wenn Sie die Übung mit »Twist!« (→ linke Seite) kombinieren, wird Ihr Vierbeiner im Handumdrehen zu einem perfekten Tänzer.

CLICKER-ALLTAGSPRAXIS

Kunststückchen für Könner

Mit diesen Tricks haben Sie ein tolles Unterhaltungsprogramm parat – mit Signalen, die glauben machen, der Hund hätte Sie wörtlich verstanden.

»Verbeugen!«

So klappt es Beobachten Sie Ihren Hund, wann er sich aus eigenem Antrieb »verbeugt«. Das ist zum Beispiel beim Strecken nach dem Schlafen oder Dösen der Fall. Ganz typisch aber auch, wenn er Sie mit abgesenktem Vorderkörper zum gemeinsamen Spiel auffordern will. Clicken Sie jedes Mal, wenn er eine dieser Körperhaltungen einnimmt. Neigt Ihr Hund dazu, sich unmittelbar nach der Verbeugung hinzulegen, dann gehen Sie nach dem Click einige Schritte rückwärts, sodass er seine Belohnung nur erhält, wenn er zu Ihnen kommt. Clicken Sie im Laufe des Trainings nur noch dann, wenn er sich richtig verbeugt, und nicht, wenn er das Absenken des Vorderkörpers nur andeutet. Erst wenn sich Ihr Schüler selbstständig und unabhängig von der üblichen Streckaktion oder Spielaufforderung verbeugt, kommt das Signal »Verbeugen!« dazu.

Mögliche Hilfe Macht es Probleme, den richtigen Moment für den Click zu erwischen? Dann helfen Sie etwas nach: Halten Sie das Lieblingsspielzeug oder ein Futterhäppchen für kurze Zeit auf den Boden, und bewegen Sie sich dabei so, als wollten Sie mit Ihrem Hund spielen. Fast immer antwortet er darauf mit der gewünschten Verbeugung – und es macht »click«!

»Gib Küsschen!«

So klappt es Ihr Hund hat bereits gelernt, mit der Nase die Spitze des Targetstabs zu berühren (→ Seite 32). Halten Sie die Targetspitze an Ihre Wange und beugen Sie sich dabei zum Hund vor. Stupst er den Stab an, folgt der Click. Hat er das mehrere Male zuverlässig praktiziert, bleibt der Stab weg, und Sie halten ihm nur noch die Wange hin. Der Vierbeiner wird sie gezielt mit der Nase berühren. Und wie bei allen Clicker-Übungen kommt nun das Signal dazu, beispielsweise »Gib Küsschen!«. Achten Sie allein aus Hygienegründen darauf, dass die »Kusszone« ein ganzes Stück von Ihrer Mundpartie entfernt ist. Die Küsschen temperamentvoller Hunde können recht stürmisch ausfallen.

Mögliche Hilfe Kennt Ihr Hund die Targetübung nicht, dann präparieren Sie Ihre Wange mit einem Klecks Streckwurst. Er lässt sich damit garantiert für das kleine Kunststück begeistern. Allmählich

So sieht eine Verbeugung aus. Finden Sie heraus, wann Ihr Vierbeiner von selbst diese Position einnimmt, dann heißt es rechtzeitig clicken!

kommt immer weniger Streichwurst zum Einsatz. Bis die Übung schließlich ganz ohne die schmackhafte Überredungshilfe klappt.

Der müde Hund

So klappt es Kleben Sie ein kleines Stück Tesafilm leicht auf eine Augenbraue des Hundes. Er wird sofort versuchen, den Fremdkörper mit der Pfote wegzuwischen – Click! Und wie immer ein Häppchen zur Belohnung. Wiederholen Sie die Aktion mehrmals, wobei der Tesastreifen allmählich kleiner wird. Ihr Hund realisiert schnell, was Sie von ihm erwarten, und wischt sich auch ohne Tesafilm übers Gesicht. Macht er das gerne, dann clicken Sie nur noch, wenn er sich tatsächlich über das ganze Gesicht wischt. Das Signal »Müde!« kommt dazu, sobald er die Pfote zum Gesicht führt.

Leichtes Kunststück: ein feuchter Hundeschmatz auf die Wange. Genügend Abstand zur Mundpartie sorgt für Hygiene und Sicherheit Ihrer Zähne.

»Ja!« und »Nein!«

So klappt es Den Ja- und Nein-Trick sollte Ihr Hund nacheinander lernen, damit es keine Verwirrung gibt. Zuerst das »Ja«: Nehmen Sie den Clicker in die Hand. Ihr Hund wird Sie erwartungsvoll anschauen. Warten Sie, bis er zufällig auf den Boden schaut, clicken Sie aber schon, wenn sich sein Blick nur ein wenig nach unten richtet. Er wird sofort wieder erwartungsvoll den Kopf heben. Sie warten erneut, bis er nach unten schaut – Click. Beherrscht er das, folgt der Click erst, wenn er danach wieder geradeaus oder nach oben blickt. Mit der Zeit hat er die Übung verinnerlicht und wird mit dem Kopf nicken. Sie können die Übung erweitern, indem Sie nicht nach dem ersten Nicken clicken, sondern frühestens nach dem zweiten oder dritten Mal. Das Signal kann »Ja!« heißen oder als Frage formuliert werden: Mit »Spielen wir?« wirkt der Trick noch überzeugender. Die Betonung liegt auf »Spielen«.

Das »Nein!« funktioniert ähnlich. Warten Sie ab, bis der Hund zur Seite schaut – Click. Kann er das, verzögern Sie den Click, bis er den Kopf wieder in die Ausgangsposition zurückdreht. Klappt auch das, clicken Sie nur noch, wenn er den Kopf nicht nur zurück-, sondern schon nach der anderen Seite dreht. Bestärken Sie jede noch so kleine richtige Reaktion. Das Signal kann »Nein!« oder »No!« sein, aber auch hier macht eine Frage mehr Eindruck. Besonders »publikumswirksam« ist etwas, von dem Sie genau wissen, dass Ihr Hund es gar nicht mag. Wie zum Beispiel »Baden wir?«. Betonen Sie dabei »Baden« besonders stark.

Mögliche Hilfe Mit einem Spielzeug oder Leckerbissen animieren Sie Ihren Hund zur gewünschten Drehung des Kopfes. Natürlich funktioniert das auch mit dem Targetstab, wenn der Vierbeiner bereits gelernt hat, die Stabspitze anzutupsen.

Nützliche und lustige Übungen

Mal praktisch, mal spaßig sind diese Tricks, doch nicht einfach. Aber mit Ihrem Clickerwissen sind Sie so weit, dass Zwei- und Vierbeiner Freude haben.

»Tür auf!«

So klappt es Wenn Ihr Hund mit dem Targetstab vertraut ist, sind die folgenden Übungen kein Problem. Der Vierbeiner soll die nur angelehnte Tür öffnen. Halten Sie dazu den Targetstab so, dass die Tür aufgeht, wenn der Hund den Stab mit der Nase anstupst. Bestärken Sie zunächst jedes Anstupsen. Wird der Hund sicherer, bestärken Sie ihn nur noch dann, wenn er den Stab so kräftig anstupst, dass sich die Tür möglichst weit öffnet. Macht er das wie gewünscht, bleibt der Targetstab ganz weg. Klappt die Übung auch jetzt zuverlässig, kommt das Lautsignal hinzu, zum Beispiel »Auf!« oder »Tür auf!«. Legen Sie schon vor Beginn das Übungsziel fest: Wollen Sie nur, dass die Tür einen größeren Spalt weit aufgeht, oder soll Ihr Hund sie ganz öffnen? Dann arbeiten Sie sich schrittweise an diese Zielvorstellung heran.

Mögliche Hilfe Der Targetstab ist nicht unbedingt notwendig, es geht auch ohne: Präparieren Sie die Stelle an der Tür, die der Hund mit der Nase anstupsen soll, mit einem Klecks Streichwurst. Verwenden Sie nach und nach weniger von diesem

Anfangs lernt der Hund über den Targetstab die Türe am richtigen Punkt zu berühren, um sie zu öffnen.

Bald braucht der Hund keine Hilfe mehr. Jetzt das Signal einführen, damit er sie nur auf Ihren Wunsch öffnet.

»Köder«, je sicherer Ihr Hund das gewünschte Verhalten zeigt. Als letzte und kleinste Hilfestellung können Sie auch Ihren Finger an der Wurst reiben und dann mit ihm die Tür berühren. Hat Ihr Hund einmal verstanden, worum es geht, kann auch diese Minihilfe wegfallen.

»Tür zu!«

So klappt es Beim Schließen der Tür geht man genauso vor wie bei »Tür auf!«, nur dass der Targetstab jetzt so an die Tür gehalten wird, dass sie zugeht, wenn der Hund an die Stabspitze stupst. Trainingsziel: Der Hund soll der offenen Tür so viel Schwung mitgeben, dass sie danach angelehnt ist oder zufällt. Das Lautsignal dafür kann beispielsweise »Zu!«, »Tür zu!« oder auch »Close!« heißen.

Mögliche Hilfe Etwas Streichwurst an der Tür (→ links) ist eine Alternative zum Targetstab.

Extratipp Soll Ihr Hund die Tür öffnen und schließen lernen, starten Sie die zweite Übung erst, wenn er die erste Variante sicher beherrscht. Sonst können ihn die doch sehr ähnlichen Abläufe verwirren. Mit welcher der beiden Übungen Sie beginnen, spielt dabei keine Rolle.

Licht an- und ausschalten

So klappt es Diese Übung funktioniert mit einem Kippschalter und ist nur für größere Hunde geeignet, die auch an den Lichtschalter herankommen. Am einfachsten geht es, wenn Ihr Hund den Targetstab kennt. Halten Sie den Stab am besten waagerecht zum Schalter und mit seiner Spitze auf den Schalter. So gehen Sie sicher, dass der Targetstab dem Hund nicht im Weg ist. Die Übung ist etwas schwieriger als »Tür auf/zu!« (→ Seite 48), weil Ihr Hund sich aufrichten muss, um den Schalter zu erreichen. Er balanciert dabei für kurze Zeit auf den

Ein nettes Kunststück ist das Ein- und Ausschalten des Lichts mit einem Kippschalter. Ohne den Targetstab ist ein Klecks Streichwurst eine gute Hilfe.

Hinterbeinen oder stützt sich mit den Vorderbeinen an der Wand ab. Da das etwas Übung verlangt, sollten Sie schon erste Ansätze in Richtung Lichtschalter clicken. Zunächst reicht es völlig aus, wenn der Hund den Lichtschalter berührt. Macht er das gezielt und mit Begeisterung, dann clicken Sie nur noch, wenn die Aktion so schwungvoll gerät, dass der Schalter »kippt«, das Licht also entweder an- oder ausgeht. Bei dieser Übung unterscheidet man nicht zwischen dem Ein- und Ausschalten. Als Lautsignal wählen Sie am besten »Licht!«.

Mögliche Hilfe Fällt es Ihrem Hund anfangs noch schwer, sich so weit nach oben zu orientieren, dann halten Sie den Targetstab unterhalb des Lichtschalters und zunächst nur ein paar Zentimeter über den Kopf des Hundes. Mit der Zeit wandert der Stab weiter nach oben, bis seine Spitze schließlich auf dem Lichtschalter liegt.

Wenn Ihr Vierbeiner den Targetstab noch nicht kennt, können Sie ihm auf gleiche Weise wie bei den Übungen für »Tür auf!« und »Tür zu!« (→ Seite 48 und 49) helfen, indem Sie den Lichtschalter zunächst mit etwas Streichwurst präparieren.

»Schieben!«

Einen Puppenwagen oder ein anderes kleines Gefährt schieben? Ein echtes Kunststück. Aber mit etwas Unterstützung stellt das auch für Ihren Hund kein Problem dar.

So klappt es Halten Sie ein Leckerchen so, dass Ihr Hund sich mit den Vorderpfoten auf den Griff des Puppenwagens stellen muss, um es zu erreichen. Dafür gibt es einen Click. Sobald er das gern und prompt macht, bewegen Sie das Häppchen ein wenig in Fahrtrichtung, sodass der Vierbeiner den Wagen schieben muss, um dem Leckerbissen zu folgen. Starten Sie mit kurzen Strecken und vergrößern Sie die Schiebetour allmählich. Als Lautsignal können Sie zum Beispiel »Schieben!« verwenden.

Extratipp Trainieren Sie die Übung möglichst auf der Wiese oder einem ähnlichen Untergrund, auf dem der Puppenwagen nur langsam rollt. Statt des Leckerbissens können Sie natürlich auch den Targetstab einsetzen, wenn Ihr Hund schon vertraut mit diesem Hilfsmittel ist.

Pfoten waschen

So klappt es Ihr Hund hat gelernt, seine Vorderpfote in Ihre Hand zu legen oder auf eine Fliegenklatsche am Boden zu stellen. Er soll sie da aber jetzt länger lassen. Clicken Sie also erst, wenn die Pfote eine Zeit lang dort bleibt, und dehnen Sie die Zeitspanne allmählich aus. Wenn die Grundübung sitzt, verlagern Sie das Zielobjekt, also die Hand oder Fliegenklatsche, in eine kleine, leere Plastikwanne. Macht der Hund weiter freudig mit, bleibt nun Hand beziehungsweise Fliegenklatsche weg. Funktioniert auch das, füllen Sie etwas Wasser in die Wanne und lassen ihn die Pfote hineinstellen. Bei wasserscheuen Tieren sollte anfangs nur der Wannenboden mit Wasser bedeckt sein. Das begleitende Signal kann zum Beispiel »Waschen!« lauten. Verschmutzte Pfoten lassen sich jetzt leicht abwaschen. Üben Sie das mit jeder Pfote einzeln.

Mögliche Hilfe Alternativ zur Fliegenklatsche lässt der Hund sich auch mit einem Leckerchen vor der Nase in die Wanne locken. Kostet das Ihren Hund sichtbar viel Überwindung, clicken Sie schon kleine Schritte. Zum Beispiel bereits dann, wenn er eine Pfote ein Stückchen anhebt.

Aus dem »Leg dich!« zur Rolle

AUFBAUTRAINING Die Übung »Leg dich!« (→ rechte Seite) lässt sich leicht zur Rolle ausbauen. Der Vierbeiner soll sich also nicht nur auf den Rücken legen, sondern zur anderen Seite rollen.

STABFÜHRUNG Kennt Ihr Hund den Targetstab, dann führen Sie diesen so, dass der Vierbeiner automatisch eine Rolle macht, wenn er mit der Nase dem Stab folgt.

LANGSAM EINSTEIGEN Clicken Sie für jeden Schritt. Oder schafft Ihr Hund gleich die komplette Rolle? Forcieren Sie nach und nach das Tempo. Manche Hunde schaffen mehrere Rollen am Stück.

HÄPPCHENHILFE Kennt Ihr Hund den Targetstab nicht, dann verwenden Sie ein Leckerchen, um ihn in die richtige Position zu locken. Oder warten Sie, bis er es aus dem »Leg dich!« selbst ausprobiert.

Der Mops hat die Pfote auf den Stab gesetzt und steht mit einem Bein in der gefüllten Wanne. Diese Pfote kann also schon mal gesäubert werden!

Wer will, bringt seinem Hund bei, alle viere in die Wanne zu stellen. Etwa dadurch, dass der Hund dem Stab mit der Nase folgt und so in die Wanne geht.

Variation Wem das nicht reicht, der kann diese Übung perfektionieren, sodass beide Vorderbeine gleichzeitig in der Wanne stehen. Stellt der Hund eine Pfote sicher in die leere Wanne, clicken Sie nicht mehr. Er wird nun in der Regel Verschiedenes ausprobieren. Achten Sie dabei auf jeden kleinen Ansatz in die richtige Richtung! Sobald er die andere Vorderpfote auch nur ein klein wenig bewegt, erfolgt der Click. Clicken Sie schon minimale Fortschritte. Möglicherweise ist Ihr Vierbeiner aber auch ein ganz schlaues Kerlchen und hat das zweite Bein viel schneller in der Wanne, als Sie es von ihm erwartet hätten. Dann muss er nur noch lernen, für längere Zeit ruhig stehen zu bleiben.

»Leg dich!«

So klappt es Ziel dieser Trainingseinheit: Ihr Hund soll sich auf den Rücken legen. Das hat eine Menge praktischer Vorteile. Unter anderem können Sie ihn auch auf der Bauchseite sauber machen oder eine in diesem Bereich sitzende Zecke entfernen.

Beobachten Sie Ihren Hund: Wälzt er sich gerne und häufig im Gras oder auf dem Teppich? Clicken Sie, sobald er alle viere in die Höhe streckt. Zeigt er dieses Verhalten eventuell nach einiger Übung schon aus eigenem Antrieb, um den Click zu bekommen? Dann zögern Sie den Click hinaus. Ihr Vierbeiner soll eine Weile ruhig in der Position verharren. Erst dann clickt es. Dehnen Sie die Zeitspanne nun allmählich weiter aus, und führen Sie schließlich das Signal ein, zum Beispiel »Leg dich!«. Wir sagen zu unserer Hündin immer »Bauchi!«.

Mögliche Hilfe Macht der Hund Platz, halten Sie ihm ein Häppchen vor die Nase, und bewegen Sie es so, dass er sich zur Seite und auf den Rücken drehen muss, um dem Leckerbissen mit den Augen zu folgen. Clicken Sie bereits, wenn er den Körper in die geforderte Richtung dreht, und nicht erst, wenn er ganz auf dem Rücken liegt.

Extratipp Manche Hunde, oft solche, die sehr unsicher sind, legen sich nicht gern auf den Rücken. Diesen Hunden sollte man die Übung ersparen.

Hilfe bei Problemfällen

Der Clicker ist eine wunderbare Möglichkeit, dem Hund etwas beizubringen. Aber wie alle Methoden der Hundeerziehung ist er kein Zaubermittel. Damit der Spaß ungetrübt bleibt, erfahren Sie hier, wie Sie Probleme vermeiden können und was über den Gebrauch des Clickers hinaus wichtig ist.

Wenn Ihr Hund nicht mitmachen will

Für die meisten Hunde wird der Clicker sehr schnell zum echten Highlight. Bei manchen aber kann es einige Zeit dauern, bis der Groschen fällt und sie mit dem Clickertraining klarkommen.

Die Angst vor dem Click

Einige Hunde erschrecken vor dem Clickgeräusch. Reagiert Ihr Hund jedoch in anderen Situationen nicht übermäßig schreckhaft, dann wird er auch schon bald die positiven Seiten des Clickers schätzen lernen und sich an den Click gewöhnen. Um mit einem besonders geräuschempfindlichen Hund zu arbeiten, können Sie das Clickergeräusch etwas dämpfen. Entweder halten Sie den Clicker hinter Ihren Rücken oder lösen ihn in der Jacken- oder Hosentasche aus.

› Erweist sich der Vierbeiner allerdings als derart sensibel, dass er nicht einmal mehr einen Leckerbissen annimmt oder gar gleich die Flucht ergreift, muss die Konditionierung zunächst unterbrochen werden. Jetzt geht es vorrangig darum, dem Hund zu vermitteln, dass der Clicker keinerlei Gefahr für ihn darstellt. Am einfachsten lässt sich das erreichen, wenn Ihr Hund etwas besonders Positives erlebt, zum Beispiel sein Lieblingsfutter vorgesetzt bekommt, oder wenn Sie mit ihm spielen und ihm seinen Ball zuwerfen. Clicken Sie jeweils unmittelbar vor dieser Aktion. Halten Sie dabei aber einen genügend großen Abstand zu Ihrem Hund, oder dämpfen Sie den Clicker, damit der Vierbeiner nicht sofort wieder abwehrend reagiert.

› Bei manchen Hunden hilft leider auch diese Vorübung nicht. In diesem Fall sollte der Clicker nicht mehr eingesetzt werden. Überlegen Sie sich stattdessen ein exklusives Wort mit einem besonderen Tonfall und konditionieren Sie Ihren Hund darauf.

Passives Verhalten

Ihr Hund ist richtig konditioniert worden und hat den Zusammenhang zwischen dem Click-Geräusch und dem Leckerbissen als Belohnung verstanden. Aber er macht trotzdem keine Anstalten, im Rahmen der Übungen etwas auszuprobieren.

Cross-over-Problem Die Ursachen des passiven Verhaltens können in der Art der Ausbildung liegen. Wenn hier vorwiegend mit negativer Verstärkung oder positiver Strafe, also mit starkem Zwang gearbeitet wurde (→ Seite 9), hat diese Erziehungstechnik mit hoher Wahrscheinlichkeit die Eigeninitiative des Vierbeiners entscheidend gehemmt. Der Hund musste die Erfahrung machen, dass es negative Konsequenzen hat, wenn er von sich aus aktiv wird. Also unterlässt er das selbstständige Handeln. Man spricht hier vom »Cross-over-Problem«.

Mix von Lob und Zwang Auch Mischformen der Ausbildung, die zum einen auf Lob, zum anderen aber auch auf Zwang basieren, können Passivität zur Folge haben. Das gilt allerdings nicht generell und kann sowohl von der Sensibilität des Hundes als auch von Stärke und Häufigkeit des angewendeten Zwangs abhängen.

Fixierung Anfängliche Verständnisprobleme kann es auch dann geben, wenn der Hund längere Zeit nur in einem speziellen Bereich ausgebildet wurde und sehr darauf fixiert ist, zum Beispiel auf die Fährtenarbeit oder das Apportiertraining. Beginnt man jetzt neu mit den Clickerübungen und will einen Trick trainieren, der anders ist als alles, was der Vierbeiner bisher gelernt hat, kann das seinen Horizont erst einmal übersteigen. Die Folge ist nicht selten mangelnde Eigeninitiative.

Haben Sie Geduld! Werfen Sie die Flinte nicht gleich ins Korn. Versuchen Sie Ihren Hund zu einer noch so kleinen Aktion zu verführen und clicken Sie – selbst dann, wenn er nur mit dem Ohr zuckt. Bei etwas Geduld kommt der Hund häufig von selbst auf den Geschmack. Wenn Sie vor dem Beginn des Clickertrainings mit Zwang gearbeitet haben, dürfen Sie nun nicht in das alte Muster zurückfallen. Verzichten Sie auf jede verbale, körpersprachliche oder gar handgreifliche Korrektur, wenn der Hund einmal nicht das tut, was Sie von ihm erwarten.

Betätigen Sie den Clicker in der Hosentasche, wird das Geräusch gedämpft. Das hilft sensiblen Hunden.

Wenn Ihr Hund nicht mitmachen will

Ist ein Hund durch harte Ausbildung oder von Natur aus verunsichert, kann das Clicken Probleme bereiten. Er traut sich nicht, aktiv zu werden.

Bei allem Enthusiasmus fürs Clickertraining: Vermeiden Sie, dass Ihr Hund zum übermotivierten Clicker-Junkie wird. Deshalb gilt Qualität vor Quantität.

Kein Appetit

Ihr Hund interessiert sich nicht für Leckerchen? Ist Ihr Vierbeiner vielleicht zu satt? Kürzen Sie die Mahlzeit oder lassen mal eine oder zwei ausfallen. Häufig reicht das, um das Interesse zu wecken. Oder bekommt er grundlos ständig Häppchen? Stellen Sie das ab. Er erhält sie ab sofort nur noch beim Clicken. Ist Ihr Hund sehr wählerisch, mag eine Sorte mal und dann wieder nicht mehr, sollten Sie die Art der Häppchen öfter wechseln. Und zwar bevor der Hund sie verschmäht. Hilft auch das nicht, dann testen Sie aus, was ihm schmecken könnte, auch verschiedenste Wurst- und Käsesorten, Obst, Gemüse – und Dinge, die Sie nicht so appetitlich finden, wie zum Beispiel Trockenfisch oder rohe Rindfleischstückchen. Manche Hunde nehmen nichts, wenn sie abgelenkt sind. Achten Sie auf eine ruhige, reizarme Umgebung. Auch sehr ängstliche Vierbeiner können Leckerchen verweigern. Dann wählen Sie für das Training ein Umfeld, in dem Ihr Hund sich sicher fühlt.

Hektik

Ist Ihr Hund übermotiviert und beim Clickertraining nervös und unkonzentriert? Dann haben Sie eventuell zu viel gemacht oder sind zu rasch vorgegangen. Machen Sie eine längere Pause oder trainieren Sie in der nächsten Zeit ruhiges Verhalten. Bleiben vor allem Sie selbst ruhig und entspannt und lassen Sie sich von der Hektik nicht anstecken!

> **Fordern Sie Respekt** von Ihrem Hund
>
> **SIE SIND DER BOSS** Im Team von Mensch und Hund sind Sie der übergeordnete Partner, und der Hund sollte sich in Alltagssituationen überwiegend nach Ihnen richten – und nicht umgekehrt!
>
> **GUTE BEZIEHUNG** Nur wenn Ihr Vierbeiner Sie ernst nimmt und respektiert, klappt auch das Miteinander – ob mit oder ohne Clicker.

Fehlverhalten richtig korrigieren

Sie haben es jetzt anhand der vorgestellten Übungen selbst erlebt – mit dem Clicker lässt sich ein erwünschtes Verhalten Ihres Hundes hervorragend bestätigen, und der Hund kann auf diese Weise selbst komplexe Verhaltensketten relativ leicht und sicher erlernen. Was aber schafft Abhilfe, wenn man unbewusst etwas Falsches bestätigt hat oder der Hund Angewohnheiten an den Tag legt, die man ihm gern abgewöhnen möchte?

Beim Anspringen ist der Clicker nicht das Mittel der Wahl. Hier ist Abwenden und Ignorieren angesagt.

Wenn das Falsche bestärkt wird

Falls Sie durch falsches Timing während einer Übungseinheit wiederholt im ungünstigen Moment geclickt haben, dann hat Ihr Hund etwas Falsches gelernt. Beispiel: Man möchte den Blickkontakt bestätigen, setzt den Clicker aber mehrmals eine Idee zu spät. Das Ergebnis: Der Hund hat den Blickkontakt schon gelöst und schaut weg. In der Folge wird er also immer wieder wegschauen. Ähnlich beim Festhalten eines Apportels: Clicken Sie zu spät, also wenn der Vierbeiner es nicht mehr festhält, dann lernt er: Click heißt fallen lassen.

› Der Hund reagiert oft so schnell, dass man den richtigen Zeitpunkt für den Click nicht immer exakt erwischt. Das kann einem Anfänger zunächst schon mal passieren. Ein Beinbruch ist das nicht: Sobald Sie Ihren Fehler erkannt haben, bestärken Sie das Verhalten einfach nicht mehr. Wenn Sie konsequent sind, wird Ihr Hund es nach einiger Zeit nicht mehr zeigen. Da der Anreiz entfällt, lohnt es sich für ihn nicht, und er verschwendet keine Energie mehr darauf. Hat sich die unerwünschte Verknüpfung schon sehr gefestigt, kann das Verhalten jedoch vorübergehend verstärkt auftreten. Halten Sie durch, und starten Sie die Übung neu, wenn es erloschen ist.

› Stellen Sie das Training um, wenn bei komplexen Übungen ein Teilschritt nicht mehr richtig klappt. Üben Sie diesen Teilschritt isoliert und so lange, bis er zuverlässig sitzt. Erst dann steht wieder die gesamte Übung auf dem Trainingsprogramm.

Unerwünschtes Verhalten abgewöhnen

Bei unerwünschten Verhaltensweisen des Hundes hat der Clicker seine Grenzen. Erwünschtes Verhalten kann man bestärken, unerwünschtes aber nicht abgewöhnen. Doch in vielen Fällen lässt sich ein Alternativverhalten etablieren. Rennt der Hund etwa gegen Ihren Willen bei jedem Klingeln zur Tür, können Sie ihn alternativ dafür bestärken, dass er sich auf Ihr Signal in seinen Korb legt. Zuerst ohne Zusammenhang mit der Türglocke. Beherrscht er das, verlangen Sie es beim Klingeln, schließlich in Verbindung mit dem Klingeln und Besuchern (die den Hund dann aber natürlich ignorieren sollten).

Selbstbelohnendes Verhalten Manche Verhaltensweisen motivieren den Hund während der Aktion selbst. Sie üben auf ihn einen Reiz aus, dem man mit einer Belohnung nichts entgegensetzen kann. Der Hund belohnt sich quasi selbst. Ein typisches Beispiel ist die Lust am Jagen. Eventuell schaffen Sie es ganz zu Beginn einer Jagdsequenz, ein Alternativverhalten zu etablieren. In der Regel funktioniert das aber nur bei schwach vorhandener Jagdpassion und hoher Führigkeit des Hundes, nicht aber bei ausgeprägtem Jagdtrieb. Ähnliches gilt, wenn Ihr Vierbeiner unterwegs permanent nach Fressbarem sucht, sich gern in Gülle wälzt, an Stromkabeln oder dem Teppich knabbert. Hier hilft der Clicker nicht weiter. In solchen Fällen kommen Sie ohne ein konditioniertes Abbruchsignal nicht aus. Dabei wird eine unangenehme Einwirkung mit einem hörbaren Signal verknüpft. Das unangenehme Erlebnis kann der Schreckreiz durch eine mit Steinen gefüllte Dose sein, die neben dem Hund landet, aber auch der Griff über die Schnauze. Als Signal eignen sich »No!«, »Stopp!« oder auch das Klappern der mit Steinen gefüllten Dose. Um Wirkung zu erzielen, muss man die Reaktionen seines

Falsches Bestärken: Der Hund bleibt beim Fuß-Gehen stehen, Sie locken ihn mit Leckerchen und belohnen ihn damit fürs Stehenbleiben.

Hundes genau kennen. Die Wirkung darf weder zu schwach noch zu stark sein. Sie muss dafür sorgen, dass der Hund das eben begonnene Verhalten sofort abbricht. Hat er Einwirkung und Signal verknüpft, reicht das Signal allein. Einwirkung bzw. Signal müssen unmittelbar zu Beginn des Fehlverhaltens erfolgen, nicht erst, wenn die unerwünschte Handlung schon abläuft. Bricht er sein Fehlverhalten ab, fordern Sie ein Alternativverhalten von ihm und belohnen es.

Wider den Sündenfall Wenn der Hund alleine ist und sich danebenbenimmt, hilft das Clickertraining nicht. Schläft er auf dem Sofa oder stiehlt Essbares vom Tisch? Dann gilt es, ihm den Sündenfall zukünftig unmöglich zu machen oder zumindest zu erschweren. Beim Sofaschläfer bleibt die Wohnzimmertür ab sofort geschlossen, beim Futterdieb müssen alle Lebensmittel unerreichbar sein.

Falscher Einsatz des Clickers

Auch beim Einsatz des Clickers kann man etwas falsch machen. Es gibt nämlich eine verführerische Fehlerquelle, die dazu führt, dass man mit dem Clickertraining keinen Erfolg hat oder zumindest nicht den, den man eigentlich erwartet.

Nach der Konditionierung

Manche Halter setzen den Clicker ein, um die Aufmerksamkeit ihres Hundes zu erregen, wenn er auf Ruf nicht kommt oder anderweitig abgelenkt ist. Das klappt zunächst meist auch gut. Hört der Vierbeiner das vertraute Geräusch, wenn er bereits auf den Clicker konditioniert ist, wird er sicher reagieren und herbeikommen, um sich sein Leckerchen abzuholen. Also hat der Click vermeintlich gewirkt. Doch Vorsicht – hier liegt ein Denkfehler! Der Hund lernt bei dieser Clicker-Anwendung, dass das Verhalten, das er unmittelbar vor dem Click gezeigt hat, richtig war. Wer also clickt, weil sein Hund den »Komm!«-Ruf ignoriert, stattdessen aber gerade

Klauen vom Tisch ist nicht erlaubt! Feste Regeln und Grenzen sowie deren konsequente Einhaltung sind neben dem Erlernen von Signalen unerlässlich. Dann funktioniert das Zusammenleben.

nach Mäusen gräbt, bestätigt letztlich dieses unerwünschte Verhalten. Ein anderer, nicht seltener Fall: Ihr Hund zerrt an der Leine, weil er hinter einem Jogger herrennen will, anstatt sich auf Sie zu konzentrieren. Wenn Sie jetzt clicken, schaut er sicher zu Ihnen hoch und bekommt dann auch seine Belohnung. Für ihn ist es aber die Bestätigung seiner »Jagdlust« auf den Jogger, nicht die des Blickkontakts mit Ihnen. Denn dazu müssten Sie clicken, während er Sie anschaut, auf keinen Fall vorher!

Vor der Konditionierung

Wenn Sie den Clicker verwenden, um Ihren Hund aufmerksam zu machen, wird das auch dann funktionieren, wenn er noch nicht darauf konditioniert ist. Das ungewohnte Clicken weckt die Neugierde des Vierbeiners, und er wird die Geräuschquelle erkunden wollen. Nach und nach wird er aber mit dem Geräusch vertraut, und es wird zunehmend uninteressanter. Oder er reagiert nur darauf, wenn er nichts Besseres vorhat. Letztlich wird der Clicker für den Vierbeiner bedeutungslos, und Sie können ihn eigentlich nicht mehr erfolgreich einsetzen.

Kein Ersatz für artgerechten Umgang

Viele Erstanwender sind verblüfft, wie einfach man seinem Hund mit dem Clicker etwas beibringen kann. Aber vergessen Sie bitte nicht: Der Hund ist keine Maschine und der Clicker kein Wundermittel. Ein harmonisches Zusammenleben verlangt mehr als eine Click-Verknüpfung. Hier zählen vor allem die vertrauensvolle Beziehung und das souveräne Auftreten des Hundehalters, damit sein Vierbeiner ihn als Teamchef akzeptiert und respektiert. Ein Hund muss Regeln für das Zusammenleben lernen und einhalten. Dabei ist es wichtig, dass alle Bezugspersonen in gleicher Weise mit ihm umgehen.

Die Grenzen des Clickers

TIPPS VON DER
CLICKER-EXPERTIN
K. Schlegl-Kofler

ANGEBORENE EIGENSCHAFTEN Ein Hund, der von Natur aus ängstlich und unsicher ist, ob Menschen oder anderen Einflüssen gegenüber, kann nicht durch Clickertraining »geheilt« werden. Denn die Genetik lässt sich nicht beeinflussen. Auch Defizite in der Sozialisierung lassen sich wenig korrigieren, vor allem dann nicht, wenn ein angeborenes instabiles Nervenkostüm dazu kommt. Ähnliches gilt für rassetypische Eigenschaften wie ausgeprägtem Schutz- und Wachinstinkt, Jagdpassion usw. Kommen Sie mit einem Problem nicht zurecht, sollten Sie sich rechtzeitig kompetente Hilfe suchen.

URSACHENFORSCHUNG Manchmal wird empfohlen, Problemverhalten unter Signalkontrolle zu bringen – dem Hund also beizubringen, es nicht ohne Kommando auszuführen. Anspringen von Personen, übermäßiges Bellen, unruhiges Verhalten usw. können jedoch verschiedenste Ursachen haben, wie etwa Unterforderung, Stress, Misstrauen, unbewusstes Belohnen. Hier ist es sinnvoller, zunächst die Ursache zu finden und zu behandeln als lediglich die Symptome.

REGISTER

Die **halbfett** gesetzten Seitenzahlen verweisen auf Abbildungen, U = Umschlag, UK = Umschlagklappe.

A

Abgeben 36, 37
Ablenkung 10, 11, **14**, 17, 25, 27, 28, 30, 34, 55, **UK vorn**
Agility 34
Aktionsspiele 55
Allergien **UK hinten**
Alter Hund **UK hinten**
Anspringen **56**
Apportieren U1, 35, 36–39, **37**, 56
 – Apportierobjekt abgeben 37
 – Apportel bringen 37, **U4**
 – Ausräumen 38
 – Einräumen **38**, 39
 – Gegenstand aufnehmen 36
 – Länger festhalten 37
Arthrose **UK hinten**
Aufnehmen 36
Ausräumen 38

B

Ball rollen 35
Ballspiele 35, 53, **U4**
Bei Fuß! **29**, 30, 33
Belohnung 6–11, 13–17, **18**, 20, 26–28, 30–33, 38–40, 42, 44, 46–51, 53, **UK vorn, UK hinten**
 – erarbeiten **UK hinten**
Beruhigungsmittel **UK hinten**
Bestätigung 18, 19, 25 ff., 36 (siehe auch Belohnung)
 –, falsche 56, **57**
 –, variable 13, 18, 31, **UK hinten**
Bleib! 28
Blickkontakt **4**, **6**, 18, 19, 25, 26, **27**, 30, 47, 56, 59, **UK vorn**
Bringen 37, 39
 – bestimmter Objekte 39

C

Click, falscher 58, 59
Clicker, Angst vor dem 53
Clickermodelle **7**
Clickertraining 25 ff
 – auf Distanz 28, 34, 35, 37, 38
 –, Grundlagen beim 5–9
 – in der Gruppe **UK hinten**
 – mit alten Hunden **UK hinten**
 – mit zwei Hunden **UK hinten**
 – ohne Hektik 55
Clicks, Anzahl der 33
Cross-over-Problem 54

D

Durch die Beine laufen 33

E

Einräumen **38**, 39
Expertenhilfe 59

F

Fehler ignorieren **UK hinten**
Fehlverhalten 56, 57
 – hemmen 57
Fehlversuche korrigieren **UK hinten**
Festhalten 37
Fixierung 54
Fliegenklatsche 32, 42, 50
Futter 21
Futterdieb 57
Futtermittelallergie **UK hinten**

G

Gegenstand aufnehmen 36
Gehen **30**
Gib Küsschen! 46, **47**
Give me five! 41, **41**, **U4**
Grundgehorsam 13, 25, 28
Grundübungen 25–31
 – Bei Fuß! **29**, 30
 – Bleib! 28
 – Hier! 26
 – Langsam! 31
 – Platz! 27
 – Schau! 25, **29**
 – Sitz! 27
 – Steh! 30

H

Handzeichen 27, 28, 31, 40, 41
Helfer 26, 28
Hier! 26
Hindernisse überwinden 33, 34
Hund
 –, aggressiver 59
 –, ängstlicher 59
 –, passiver 54
 –, sozial gestörter 59
 –, übermotivierter **UK vorn**
 –, unaufmerksamer **UK vorn, UK hinten**
 –, unsicherer 51, **UK hinten**
Hundesprache **UK vorn**
Hundeverhalten **UK vorn**
Hut ab! 39

J

Ja! und Nein! 47
Jagdtrieb 57

K

Konditionieren **16**, 28, 54, 58, 59, **UK vorn, UK hinten**
 – auf den Clicker 14–16
Konditionierung
 –, klassische 7
 –, operante 8
Konzentrationsfähigkeit 33, **UK vorn**
Körperpflege 26, 51
Kunststücke **8**, 46, 47
 – Gib Küsschen! 46, **47**
 – Ja! und Nein! 47
 – Müder Hund 47
 – Verbeugen 46, **46**

L

Langsam! 31
Leckerchen UK vorn, 7
Leckerchen auswählen 55
Leckerchen verweigern 55
Leg dich! 51
Leinenführigkeit 30, 31
Licht an und aus 49, **49**
Loben 11, 13
Lustlosigkeit **UK vorne**

M

Männchen machen 2, 45
Motivation 6–9, **9**, 13, 14, 36, **UK hinten**
Motivationshilfe 33, 38, 40, 47–49, **UK hinten**
Motivationsverlust 20
Müder Hund 47

N

Nachlässigkeit im Training **UK hinten**
Nützliche und lustige Übungen 48–51
  – Leg dich! 51
  – Licht an und aus 49, **49**
  – Pfoten waschen 50, **51**
  – Schieben! 50
  – Tür auf! 39, 48, **48**
  – Tür zu! 49

P

Pfote geben **3,** 40
Pfoten waschen 50, **51**
Pfotenübungen 40–42
Platz! 27
Probleme vermeiden 52 ff.

R

Rangordnung 55, 59
Rolle machen 50
Rückwärtsgehen 45, **45**

S

Schau! 25, **29**
Schieben! 50
Schublade öffnen 39
Sich schütteln 44, **44**
Signal **15**, 18, 19, 20, 31, 57
 –, Tonfall beim 31
Sitz! 27, **29**
Slalom 33, 34
Spanischer Schritt **40,** 41
Spielaufforderung 46, 47
Spielen **18**, 21
Spielzeug 7
Steh! 30

T

Tanzen 45
Targetstab 32–35, **32**, **33**, **35**, 42, 45–51
Teamchef 55, 59
Timing 10, **12**, 13, 19, 23, 56
 –, falsches 56
Touch! 32, **32**, 34
Trainingsfehler **UK hinten**
Trainingspause 20, 55, **UK vorn u. hinten**
Trainingsregeln 43
Tricks für Pfotenkünstler 40–42
  – Give me five! 41, **41**, U4
  – Spanischer Schritt **40,** 41
  – Touch mit Pfote 42, **42**
  – Voran! 34
Tricks lernen 39, 40 ff.
Tür auf! 39, 48
Tür zu! **48**, 49
Twist! 44, 45, **45**

U

Überforderung 31, 32, UK hinten
Übermotivation 55, **UK vorne**
Übungen 25–28, 30–41, 44–51
  –, komplexe 56
  – mit Ball 23
  – mit dem Targetstab 32 ff.
  –, nützliche und lustige 48–51
  – ohne Hund 22, **22**, 23, **23**
  – wiederholen **UK hinten**
Übungsaufbau 16, 17, 22, 23, **UK hinten**
Übungsdauer 33
Übungsregeln 25
Übungszeiten 31

V

Verbeugen! 46, **46**
Verhalten
  –, falsches 20
  –, passives 54
  –, selbstbelohnendes 57
Verknüpfung 5, **17**
Verstärkung 6–9, 12, 23, 32, 54
Vertrauensbildung 19
Voran! 34

W

Wälzen 57

Z

Zerren an der Leine 31
Zwei Hunde **2,** UK hinten

SERVICE

Die Inhalte dieses Buches beziehen sich auf die Bestimmungen des deutschen Tier- bzw. Artenschutzes. In anderen Ländern können die Angaben abweichend sein. Erkundigen Sie sich daher im Zweifelsfall bei Ihrem Zoofachhändler oder bei der entsprechenden Behörde.

Verbände/Vereine

› Fédération Cynologique Internationale (FCI), Place Albert 1er, 13, B-6530 Thuin, www.fci.be
› Verband für das Deutsche Hundewesen e. V. (VDH), Westfalendamm 174, 44141 Dortmund, www.vdh.de
› Österreichischer Kynologenverband (ÖKV), Siegfried Marcus-Str. 7, A-2362 Biedermannsdorf, www.oekv.at
› Schweizerische Kynologische Gesellschaft (SKG/SCS), Postfach 8276, CH-3001 Bern, www.skg.ch

Anschriften von Hundeclubs und -vereinen können Sie bei den vorgenannten Verbänden erfragen.

› Deutscher Hundesportverband e. V. (DHV), Gustav-Sybrecht-Str. 42, 44536 Lünen, www.dhv-hundesport.de
› Interessengemeinschaft Deutscher Hundehalter e. V., Auguststr. 5, 22085 Hamburg
› Deutscher Tierschutzbund e. V., Baumschulallee 15, 53115 Bonn, www.tierschutzbund.de

Fragen zur Haltung

beantworten Ihr Zoofachhändler und der Zentralverband Zoologischer Fachbetriebe Deutschlands e. V. (ZZF), Tel.: 06 11/44 75 53 32 (nur telefonische Auskunft möglich: Mo 12–16 Uhr, Do 8–12 Uhr), www.zzf.de

Versicherung

Fast alle Versicherungen bieten auch Haftpflichtversicherungen für Hunde an.

Registrierung von Hunden

› TASSO e. V., Abt. Haustierzentralregister, 65784 Hattersheim am Main, Tel.: 0 61 90/93 73 00, www.tasso.net, E-Mail: info@tasso.net
› Internationale Zentrale Tierregistrierung (IFTA), Nördliche Ringstr. 10, 91126 Schwabach, Tel.: 0 08 00/43 82 00 00 (kostenlos), www.tierregistrierung.de

Hunde im Internet

› www.hunde.com (Infos rund um den Hund)
› www.hundeadressen.de (Infos zu Sport, Erziehung und Ausbildung, Züchteradressen)
› www.thmev.de (Tiere helfen Menschen e. V.)
› www.Hunde-helfen-kids.de (Hunde helfen Menschen e. V.)
› www.hundezeitung.de (Infos über Hunde)
› www.hallohund.de (Infos rund um den Hund)

Bücher

› Schlegl-Kofler, K.: Das große GU Praxishandbuch Hunde-Erziehung. Gräfe und Unzer Verlag, München
› Schlegl-Kofler, K.: Mit dem Hund spielen und trainieren. Gräfe und Unzer Verlag, München
› Wolf, K.: Hunde – Spiel & Sport. Gräfe und Unzer Verlag, München

Zeitschriften

› Der Hund. Deutscher Bauernverlag GmbH, Berlin
› Partner Hund. Gong Verlag, Ismaning
› Hundewelt, Minerva Verlag GmbH, Mönchengladbach
› Unser Rassehund. Hrsg. Verband für das Deutsche Hundewesen e. V., Dortmund
› Dogs. Gruner + Jahr, Hamburg

Wichtiger Hinweis

› **Haltung** Die Haltungsregeln in diesem Buch beziehen sich auf normal entwickelte Hunde aus guter Zucht, also auf gesunde, charakterlich einwandfreie Tiere.

› **Versicherung** Auch gut erzogene und sorgfältig beaufsichtigte Hunde können Schäden an fremdem Eigentum verursachen. Der Abschluss einer Hundehaftpflichtversicherung ist in jedem Fall dringend zu empfehlen.

› **Allergien** Menschen mit Tierhaar-Allergien sollten vor Anschaffung eines Hundes ihren Arzt befragen.

Freude am Tier

Die neuen Tierratgeber – da steckt mehr drin

ISBN 978-3-8338-1195-1
64 Seiten

ISBN 978-3-8338-0523-3
64 Seiten

ISBN 978-3-8338-1688-8
64 Seiten

ISBN 978-3-8338-1605-5
64 Seiten

ISBN 978-3-8338-1197-5
64 Seiten

ISBN 978-3-8338-0595-0
64 Seiten

Änderungen und Irrtum vorbehalten.

Das macht sie so besonders:

Praxiswissen kompakt – vermittelt von GU-Tierexperten

Praktische Klappen – alle Infos auf einen Blick

Die 10 GU-Erfolgstipps – so fühlt sich Ihr Tier wohl

Willkommen im Leben.

IMPRESSUM

Unsere Garantie

Alle Informationen in diesem Ratgeber sind sorgfältig und gewissenhaft geprüft. Sollte dennoch einmal ein Fehler enthalten sein, schicken Sie uns das Buch mit dem entsprechenden Hinweis an unseren Leserservice zurück. Wir tauschen Ihnen den GU-Ratgeber gegen einen anderen zum gleichen oder ähnlichen Thema um.

Liebe Leserin und lieber Leser,

wir freuen uns, dass Sie sich für ein GU-Buch entschieden haben. Mit Ihrem Kauf setzen Sie auf die Qualität, Kompetenz und Aktualität unserer Ratgeber. Dafür sagen wir Danke! Wir wollen als führender Ratgeberverlag noch besser werden. Daher ist uns Ihre Meinung wichtig. Bitte senden Sie uns Ihre Anregungen, Ihre Kritik oder Ihr Lob zu unseren Büchern. Haben Sie Fragen oder benötigen Sie weiteren Rat zum Thema? Wir freuen uns auf Ihre Nachricht!

Wir sind für Sie da!
Montag–Donnerstag: 8.00–18.00 Uhr;
Freitag: 8.00–16.00 Uhr *(0,14 €/Min. aus dem dt. Festnetz/Mobilfunkpreise können abweichen.)
Tel.: 0180-5 00 50 54*
Fax: 0180-5 01 20 54*
E-Mail:
leserservice@graefe-und-unzer.de

P.S.: Wollen Sie noch mehr Aktuelles von GU wissen, dann abonnieren Sie doch unseren kostenlosen GU-Online-Newsletter und/oder unsere kostenlosen Kundenmagazine.

GRÄFE UND UNZER VERLAG
Leserservice
Postfach 86 03 13
81630 München

© 2009
GRÄFE UND UNZER VERLAG GmbH, München
Alle Rechte vorbehalten. Nachdruck, auch auszugsweise, sowie Verbreitung durch Film, Funk, Fernsehen und Internet, durch fotomechanische Wiedergabe, Tonträger und Datenverarbeitungssysteme jeglicher Art nur mit schriftlicher Genehmigung des Verlages.

Redaktion: Anita Zellner
Lektorat: Gabriele Linke-Grün
Bildredaktion: Petra Ender
Umschlaggestaltung und Layout: independent Medien-Design, München
Herstellung: Claudia Labahn
Satz: Uhl + Massopust, Aalen
Reproduktion: Longo AG, Bozen
Druck: Firmengruppe APPL, aprinta druck, Wemding
Bindung: Firmengruppe APPL, sellier druck, Freising

Printed in Germany

ISBN 978-3-7742-1604-4

1. Auflage 2009

Ein Unternehmen der
GANSKE VERLAGSGRUPPE

Die Autorin

Katharina Schlegl-Kofler – erfahrene Hundetrainerin und anerkannte Expertin in Sachen artgerechter Hundehaltung – beschäftigt sich schon lange intensiv mit den Vierbeinern und ihrem Verhalten. In ihrer Hundeschule, die sie seit vielen Jahren hat, finden Hundehalter tatkräftige Hilfe. Sie selbst hält seit langem Labrador Retriever.

Die Fotografen

Oliver Giel hat sich auf Natur- und Tierfotografie spezialisiert und betreut mit seiner Lebensgefährtin Eva Scherer Bildproduktionen für Bücher, Zeitschriften, Kalender und Werbung. Mehr über sein Fotostudio finden Sie unter www.tierfotograf.com

Christine Steimer ist freie Fotografin und hat sich auf Heimtierfotografie spezialisiert. Sie arbeitet für internationale Buchverlage, Fachzeitschriften und Werbeagenturen. Alle Fotos in diesem Buch stammen von Oliver Giel mit Ausnahme von: Christine Steimer: 2-2, 3, 15, 29, 30, 32, 33, 35, 39, 44, 45 , 46, 47, 55, 56, 57, U3–U4, U7-3, U8-3.